Schulleben in Erfurt (1583)

AF548373

*Für Kilian und Susanne,*
*für die eine Kurrende (s. S. 9)*
*besondere Bedeutung hat.*

Anton Moker

# Schulleben in Erfurt (1583)

Zweisprachige Ausgabe
von Kai Brodersen

Kartoffeldruck-Verlag
Speyer 2024

**Umschlagbild:**
Johann von Schwarzenberg: Der Teütsch Cicero, Augsburg 1534 [VD16 C 3774], Bl. 115: Der Schulmeister von Falerii (s. *Bellum scholasticum* v. 370–383); vgl. Livius 5,37; Valerius Maximus 6,5,1a u. a. Digitalisat der Bayerischen Staatsbibliothek München, urn:nbn:de:bvb:12-bsb00029340-3, Scan 229.

Bibliografische Information der Deutschen Nationalbibliothek

Die Deutsche Nationalbibliothek verzeichnet diese Publikation in der Deutschen Nationalbibliografie; detaillierte bibliografische Daten sind im Internet über http://dnb.d-nb.de abrufbar.

**Der Kartoffeldruck-Verlag publiziert zum reinen Selbstkostenpreis Bücher, die in jeder Buchhandlung bestellt werden können – insbesondere für Expertinnen und Experten in Altertumswissenschaft und Schule.**

2024
© Kartoffeldruck-Verlag Kai Brodersen, Speyer
www.kartoffeldruck-verlag.de
ISBN 978-3-939526-70-4

## Inhalt

## Einführung

Anton Moker (Antonius oder Anthonius Moeker, Möker oder Möcker, latinisiert Mokerius) wurde um 1540 in eine Bürgerfamilie in Hildesheim geboren. Er war dann Schüler des *Andreanum*, eines alten, 1542 durch den Reformator Johannes Bugenhagen (1485–1558) evangelisch gewordenen und vier Jahre später in städtische Trägerschaft überführten Gymnasiums. Nach dem frühen Tod des Vaters arbeitete Moker zunächst als Hauslehrer der Söhne des Hildesheimer Bürgermeisters Hans Kniphof (ihnen ist Mokers *Bellum scholasticum* gewidmet, s. u. S. 72/73) dann ermöglichte ihm der kinderlose Bruder seiner Mutter, der Bürgermeister der Hildesheimer Neustadt Heinrich Roder, das Studium.

An der Universität Erfurt wurde Anton Moker zu Ostern 1560 immatrikuliert und in das (nach Ausweis der erhaltenen lateinischen Inschriften; vgl. Brodersen 2023a, #23 und #24) von dem Hildesheimer Propst Tilemann (Tilo) Brandis (Brandes, um 1445–1524) bereits im Jahr 1521 in der Erfurter Allerheiligenstraße eingerichtete *Collegium Saxonicum* aufgenommen. Diesem stand Anton Moker dann von 1562 zehn Jahre lang als für die Lehre besonders des Griechischen und Lateinischen und für die Verwaltung zuständiger *decanus* vor.

1564 erwarb Anton Moker an der Erfurter Artistenfakultät den Grad des Magister Artium. In demselben Jahr wurde er Rektor der städtischen Parochialschule (Elementarschule) zu St. Michaelis, acht Jahre später übernahm er zusätzlich die Professur der Poesie an der Universität Erfurt, nochmals drei Jahre später, 1581, außerdem die Professur des Griechischen.

Die Stadt Erfurt hatte 1561 das evangelische Ratsgymnasium gegründet, eine – wie das Hildesheimer *Andreanum* – im

Sinne Luthers von der (katholischen) Kirche unabhängige gelehrte Schule. Sie wurde im Augustinerkloster eingerichtet. Als ersten Rektor war Paul Dumerich (Dummerich, Dummrich, latinisiert Paulus Dumerichius, 1527–1583) gewählt worden. Nach dessen Tod 1583 fiel die Wahl auf Anton Moker, der weiterhin die Tätigkeiten für eine Schule und für die Universität verband und von 1587 bis 1589 neben der Leitung des Gymnasiums zusätzlich auch die der Universität als Rektor übernahm. An ihr erhielt er sodann die Professur der Ethik und blieb bis 1602 sowohl als Schulleiter wie auch als Professor an der Universität tätig, an der er mehrfach auch Dekan war. Danach konzentrierte er sich auf seine akademische Tätigkeit und wohnte zuletzt in der Engelsburg in der Allerheiligenstraße. 1605 wurde er noch »Untergelderherr« (etwa Kämmerer) der Stadt Erfurt, in der er 1607 starb.

Anton Mokers in lateinischen Distichen gefasste Schulordnung des Erfurter Ratsgymnasium erschien erstmals 1583, im Jahr seiner Übernahme des Schulleitungsamts. Gedruckt wurde die Schrift bei Johann Beck (latinisiert Pistorius), dessen Offizin (s. Braun 1886, 93) in Erfurt im Haus *Zum weißen Schwan* »unter den Schildern« im *Viti*-Viertel lag (*Viti* 72, ehem. Regierungsstraße 27, heute Parkplatz). Fünf Jahre später fügte Anton Moker den Text in leichter Überarbeitung (s. u. S. 106) seiner in lateinischen Hexametern, dem sogenannten »heroischen Versmaß«, verfassten *Historia Passionis … Domini Nostri Iesu Christi* (Geschichte der Passion … unseres Herrn Jesus Christus) als Anhang bei.

Glaubensgrundlage des von Anton Moker geleiteten evangelischen Ratsgymnasiums ist der von Martin Luther erstmals 1529 publizierte *Kleine Katechismus* (*Lex* 1,2) Die Einrichtung dieser Art von Schulen geht dabei letztlich auf Luthers einflussreiche Schrift *An die Ratsherren aller Städte deutschen Landes, dass sie christliche Schulen aufrichten und halten sollen* von 1524 zurück; sie wurde übrigens noch 1524 auch in Erfurt gedruckt (s. Brodersen 2023b).

Anton Mokers *Leges de moribus* machen das zeitgenössische Schulleben in Erfurt anschaulich. Die Schüler (von Schülerinnen ist – anders als in Luther *Ratsherrenschrift* – nicht die Rede) wohnen bei den Eltern oder in Gastfamilien (*Lex* 2,12). Sie brechen ordentlich gewaschen und gekämmt (*Lex* 2,1,4) und angemessen gekleidet in den Unterricht auf; Soldatenstiefel und Kapuzenmäntel von Reitern sind verpönt (*Lex* 3,1,1–4).

Der Unterricht findet in Räumen des Erfurter Augustinerklosters (*coenobium*; *Lex* 2,2,3 und 3,10,1) statt. Für das Mittagessen verlassen die Knaben den Unterrichtsraum (*Lex* 2,9); offenbar kommt es aber auch zu Mundraub in Gärten und Weingärten (die es in Erfurt im 16. Jahrhundert noch gab), was von der Schule geahndet wird (*Lex* 4,6). Übrigens werden die Schüler auch vor dem Schwimmen in den Flüssen oder dem Laufen über deren Eis gewarnt (*Lex* 4,5).

Die Lehrinhalte des Unterrichts sind neben Glaubenslehre vor allem die alten Sprachen, also Griechisch (*Ratio* v. 7–10) und insbesondere Latein. Ja, auch außerhalb des Unterrichts sollen die Schüler miteinander auf Latein sprechen (*Lex* 5,2). Das in Luthers *Ratsherrenschrift* ebenfalls genannte Hebräische wird hingegen nicht erwähnt.

Besonders bemerkenswert ist, was Anton Moker über das Singen angibt: Zum einen nennt er den harmonischen Gesang im kirchlichen Gottesdienst, an dem die Schüler teilnehmen sollen (*Lex* 1,2,5–6 und 7,13,6–7), zum anderen die vierstimmige (*Lex* 7,4,1) »Figuralmusik«, die von Schülern in der Stadt von Haus zu Haus laufend vorgetragen wird und die Hausbewohner zur Almosengabe veranlasst (*Lex* 7,1–13). An solche Kurrenden nahmen übrigens nicht Schüler des Ratsgymnasiums teil, sondern auch Kinder von den Parochialschulen (*Lex* 7,2). Auch im Gymnasium wird im Chor gesungen, und zwar sowohl vor als auch nach dem Unterricht Kirchenlieder (*Lex* 2,4,1 und 2,8,5–6).

Als erste Beigabe zu dieser Ausgabe erscheint der in lateinischen Distichen verfasste Gruß, den Anton Moker seinen den Studenten des Griechischen und Lateinischen im ersten Jahr seiner Schulleiterschaft am Ratsgymnasium, am 26. Oktober 1583, widmete und mit dem er sein o. g. Buch beendete.

Als zweite Beigabe ist das zuletzt von Thomas Haye (2002) mustergültig diskutierte *Bellum scholasticum* Anton Mokers von 1564 angefügt, das (wie seine o. g. *Passio* von 1588 in lateinischen Hexametern) mit vielen Klassikerzitaten, vor allem aber in Anlehnung an die *Psychomachia* des spätantiken lateinischen Dichter Aurelius Prudentius Clemens (348–405 n. Chr.) den Dienst im Heer mit dem in der Schule vergleicht. Im *Bellum* (v. 43) wird übrigens der Beginn des Schuljahrs als der Tag des Hl. Gregor bezeichnet, der im frühneuzeitlichen Erfurt am 12. März gefeiert wurde.

Anton Moker (Moeker) wird in seiner Geburtsstadt Hildesheim, die er im Alter von etwa 20 Jahren verließ, mit einem Straßennamen geehrt (Moekerweg, 31137 Hildesheim). In Erfurt, wo Moker dann bis zu seinem Tod fast ein halbes Jahrhundert lang lebte und wirkte, ist von ihm hingegen kaum die Rede.

Damit die hier präsentierten Schriften Anton Mokers, für die bisher keine Übersetzungen vorlagen, einer heutigen Leserschaft besser zugänglich werden, ist dem (für Lateinlernende der in der heutigen Schule üblichen lateinischen Orthographie angepassten) lateinischen Text jeweils eine einfache deutsche Prosa-Version gegenübergestellt. Vielleicht kann das Büchlein so dazu beitragen, dass wir einen zwar kleinen, aber sehr unmittelbaren Einblick in das Erfurter Schulleben im 16. Jahrhundert gewinnen.

# Text und Übersetzung

## *Leges de moribus et disciplina scholastica M. Antonii Mokeri in septem titulos distributae*
(1583)

1 De pietate et eius exercitiis.
2 De diligentia, attentione animi et moribus praestandis in schola, paternis aedibus, hospitiis et publicis plateis.
3 De vestitu et non gerendis armis.
4 De cavendis periculis animi et corporis.
5 De exercitiis.
6 De admittendis et dimittendis discipulis.
7 De canentibus ostiatim figurali Musica.

### Titulus Primus: De pietate et eius exercitiis

Lex 1. Discipuli in primis nostri pietatis amantes
　Sint, et divinum numen honore colant.
Eius mandatum servent, coelestia regna
　Quaerant, scripturis invigilentque sacris.
Hinc exundat enim, veluti de gurgite vivo,
　Integritas vitae cognitioque boni.
His sine Parnassi montis sublime cacumen
　Piëridumque choros nil tetigisse iuvat.
Palladis est aliquid didicisse fideliter artes,
　Sed sunt ad sacras res velut umbra silens.
Cetera quae in speciem mundo bona magna videntur
　Sunt quasi bulla, vapor, fumus et aura levis.

## Gesetze über Sitten und schulische Disziplin von M(agister) Anton Moker, in sieben Titel unterteilt

(1583)

1 Über die Frömmigkeit und ihre Übungen.
2 Über Sorgfalt, geistige Aufmerksamkeit und zu bietende Sitten in der Schule, in Elternhäusern, in Gaststätten und auf öffentlichen Straßen.
3 Über Kleidung und das Nichttragen von Waffen.
4 Über die Vermeidung von Gefahren für Geist und Körper.
5 Über Übungen.
6 Über die Aufnahme und Entlassung von Schülern.
7 Über die an den Türen in Figuralmusik Singenden.

### Erster Titel: Über die Frömmigkeit und ihre Übungen

Gesetz 1: Unsere Schüler sollen in erster Linie Liebhaber der Frömmigkeit sein und die göttliche Macht mit Ehre pflegen. Sie sollen sein Gebot halten, das himmlische Reich suchen und die Heiligen Schriften eifrig studieren. Daraus nämlich entspringen wie aus einer lebendigen Quelle die Gesamtheit des Lebens und die Erkenntnis des Guten. Ohne diese ist es nutzlos, den erhabenen Gipfel des Parnass und die Chöre der Piëriden (Musen) erreicht zu haben. Es ist eine Sache der Pallas (Minerva), die Künste treu erlernt zu haben, aber sie sind nur wie ein stiller Schatten im Vergleich zu den heiligen Sachen. Andere Dinge, die in der Welt groß erscheinen, sind wie eine Blase, Dampf, Rauch und ein leichter Wind.

2. Doctrinae discant sacra fundamenta, Lutheri
   Nempe Catechismus qualia parvus habet.
In quibus auditur vox Christi, templa frequentent,
   Attendant et quae sunt ibi dicta notent.
Harmonicis quoties canitur quoque vocibus omnes
   Adsint, cantores atque canendo iuvent.
At sacramenti quod templum porrigit usum
   Discipulis, illi ferre tenentur opem.
Hac in re deceat quid ad ostia voce canentes
   Harmonica, in legum fine monere volo.

3. Quandoquidem Domini timor est sapientiae origo
   Unica cuiusvis principiumque boni:
Non exercitium pietatis negligat ullus,
   Quisque pio fundat pectore vota Deo.
Oret pro coetu Christi, pro dogmate sacro,
   Pro statibus vitae, proque salute sua.
Et petat a Domino subtilis acumina mentis,
   Quae cito quod libris discere possit, inest.
Fiat in aede sacra non illa precatio tantum,
   Ast etiam in quovis, vespere, mane, loco.
Quotidie toto dicantur pectore grates
   Pro variis donis pro meritisque Deo.
Quod Christi coetus, regnum civile, scholasque
   Servet, et haec inter tempora dura tegat.
Immensa utilitas veluti de fonte perenni
   Profluit in vitae quoslibet unde status.

4. Ut pietatis amans, sic impietatis et osor
   Ex nostro debet quilibet esse grege.
Non Domini vanos assumat nomen in usus
   Non leviter iuret, non maledicta vomat.

Gesetz 2: Sie sollen die heiligen Grundlagen der Lehre lernen, nämlich das, was Luthers *Kleiner Katechismus* hat. In diesem wird die Stimme Christi gehört, sie sollen die Kirchen besuchen, aufmerksam sein und sich merken, was dort gesagt wird. Wann immer mit harmonischen Stimmen Lieder gesungen werden, sollen alle dabei sein: Die Sänger erfreuen durch das Singen. Aber für den Gebrauch des Sakraments, das die Kirche den Schülern spendet, sind jene verpflichtet, Hilfe zu leisten. Was sich in diesem Zusammenhang über das Singen in harmonischer Stimme an den Türen zu sagen ist, will ich am Ende der Gesetze erwähnen.

Gesetz 3: Da ja die Furcht des Herrn der Anfang der Weisheit und die einzige Quelle und der Beginn alles Guten ist, soll niemand die Übung der Frömmigkeit vernachlässigen, sondern jeder soll mit frommer Brust Gebete an Gott richten. Er soll für die Gemeinschaft Christi, für die heilige Lehre, für die Lebensverhältnisse und für sein eigenes Heil beten und soll vom Herrn den Scharfsinn eines feinen Geistes erbitten, der schnell das lernen kann, was in den Büchern steht. Das Gebet soll nicht nur in der heiligen Kirche stattfinden, sondern auch abends, morgens und an jedem Ort. Täglich sollen aus ganzer Brust Dankgebete für die verschiedenen Gaben und Wohltaten Gottes gesprochen werden, auch dafür, dass er die Gemeinschaft Christi, das weltliche Reich und die Schulen bewahrt und sie in diesen harten Zeiten schützt. Ein unermesslicher Nutzen fließt wie aus einer ewigen Quelle für alle Lebensverhältnisse hinaus.

Gesetz 4: Wie ein Liebhaber der Frömmigkeit, so muss jeder aus unserer Schar auch ein Hasser der Unfrommheit sein. Er soll den Namen des Herrn nicht unnütz gebrauchen, nicht leichtfertig schwören und keine Flüche ausstoßen.

5. Discipuli afficiant reverenter honore parentes,
    Ac praeceptores cordis amore colant.
Hi patres animi, sunt patres corporis illi,
    Est tribuendus honos dignus utrisque suus.
Haec pietas studiis confert, male proficit ille,
    Qui praeceptores non amat atque colit.
Non immorigeros ratione fovebimus ulla,
    Ne totus coetus contrahat inde luem.
Gratior est multo puerorum turba proborum
    Parvula, pravorum quam numerosa cohors.

## Titulus Secundus:
## De diligentia, attentione, animi et moribus praestandis in schola, paternis aedibus, hospitiis et publicis plateis

Lex 1. Segnitiem fugiant intempestiusque somni
    Tempora. Nam studiis ingeniisque nocent:
Mane toro surgant, votis ardentibus orent,
    Atque caput pectant, osque manusque lavent.

2. Quotidie veniant in ludum tempore iusto
    Ante suum solitum quam dedit hora sonam.
Absque gravi causa segnes, qui tardius adsunt,
    Desidiae poenas quas meruere dabunt.
At sine qui venia, cum fit praelectio, prorsus
    Absunt, haerebunt in graviore malo.

3. Ante datum signum quicunque advenerit horae,
    Coenobii petulans non stet is ante fores.
Sed mox ingrediens ludi penetrale, quietus
    Occupet absque levi garrulitate locum.

Gesetz 5: Die Schüler sollen ihre Eltern ehrfürchtig und respektvoll behandeln und ihre Lehrer mit Herzensliebe verehren. Diese sind die Väter ihres Geistes, jene die Väter ihres Körpers, beiden ist die ihnen gebührende Ehre zu erweisen. Diese Frömmigkeit fördert das Studium; schlecht ergeht es dem, der seine Lehrer nicht liebt und verehrt. Wir werden ungehorsame Schüler in keiner Weise unterstützen, damit nicht die ganze Gemeinschaft Schaden nimmt. Eine kleine Schar braver Knaben ist viel angenehmer als eine große Kohorte verdorbener.

## Zweiter Titel:
## Über Sorgfalt, geistige Aufmerksamkeit und zu bietende Sitten in der Schule, in den Elternhäusern, in Gaststätten und auf öffentlichen Straßen

Gesetz 1: Faulheit und unzeitgemäßen Schlaf sollen sie vermeiden, denn diese schaden dem Studium und den Fähigkeiten: Am Morgen sollen sie aus dem Bett aufstehen, mit brennenden Gebeten beten und ihren Kopf kämmen sowie Gesicht und Hände waschen.

Gesetz 2: Täglich sollen sie zur rechten Zeit zum Unterricht kommen, bevor die gewohnte Stunde schlägt. Die Trägen, die ohne triftigen Grund zu spät kommen, werden die Strafen für ihre Säumigkeit erleiden. Diejenigen, die ohne Erlaubnis völlig abwesend sind, wenn es eine Vorlesung gibt, werden in noch größere Schwierigkeiten geraten.

Gesetz 3: Wer vor dem gegebenen Zeichen der Stunde ankommt, soll nicht frech vor den Toren des Klosters herumstehen. Doch, wenn er bald er in den Unterrichtsraum eintritt, soll er ruhig einen Platz fern des leichtfertigen Schwätzens

Nec sit vicinis ulla ratione molestus,
    Non extra proprium cedat eatque locum,
Aut legat, aut scribat, memori vel mente revolvat
    Dicta prius, nil quo dedecoretur agat.
Vitet clamores, pugnas, convitia, ludos,
    Futile colloquium, iurgia, scomma, dolum.
Praeceptore probus sit non praesente, probatur
    Discipuli probitas, quando Magister abest.

4. Mane canant omnes coniunctis vocibus hymnum,
    Ignea quo petitur flaminis aura sacri.
Surgat quem tangit pueris ex omnibus ordo
    Et Psalmum clara voce precesque ferat.
Ex sacris Bibliis caput haec post vota legatur,
    Attendat tota cetera mente cohors.
Ut studium a precibus, sic incipiatur et hymno,
    Hasce preces vanas non sinit esse Deus.

5. Qui recitare fuit iussus, quae lecta fuerunt,
    Id totus clara voce paratus agat.
A pueris surgens aliis secedat, et omnes
    Deponat libros, est id utrumque bonum.
Hoc quia non pacto recitanti admurmurat alter,
    Nec fallit recitans inspiciendo librum.
Est dolus arcendus talis medicamine tali,
    Torpor ut a pueris excutiatur iners.
Qui fidit solis libris male proficit, artis
    Est, quicquam clauso dicere posse libro.

einnehmen. Er soll seine Nachbarn in keiner Weise stören und soll nicht nach außerhalb seines eigenen Platzes ausweichen und gehen oder lesen oder schreiben, sondern die zuvor gesprochenen Worte im Gedächtnis behalten und nichts tun, was ungebührlich ist. Vermeiden soll er Lärm, Kämpfe, Beleidigungen, Spiele, sinnloses Gespräch, Streit, Spott und Betrug. Wenn der Lehrer nicht anwesend ist, soll er brav sein: Erprobt wird die Bravheit des Schülers ja, wenn der Lehrer abwesend ist.

Gesetz 4: Morgens mögen alle vereint mit Stimmen einen Hymnus singen, durch den das feurige Wehen des heiligen Geistes angerufen wird. Aufstehen soll der, den aus allen Knaben die Anordnung trifft, und soll mit klarer Stimme den Psalm und Gebete vortragen. Nach diesen Gebeten soll ein Kapitel aus der Heiligen Schrift gelesen werden und die übrige Kohorte soll aufmerksam zuhören. Wie das Studium mit Gebeten beginnt, so auch mit einem Hymnus; Gott lässt diese Gebete nicht vergeblich sein.

Gesetz 5: Wer beauftragt wurde, das Gelesene vorzutragen, soll dies mit klarer Stimme ganz vorbereitet dartun. Er soll von den anderen Schülern aufstehen, sich abseits stellen und alle Bücher beiseitelegen. Dies beides ist gut: So nämlich kann keiner dem anderen ins Wort fallen oder durch einen Blick ins Buch betrügen. Ein Betrug soll durch solche Maßnahmen verhindert werden, damit die träge Schläfrigkeit von den Schülern vertrieben wird. Wer sich nur auf Bücher verlässt, macht schlechte Fortschritte; die Kunst besteht darin, etwas auch ohne Buch sagen zu können.

6. Cum legitur, sedeant attenta mente quieti
    Omnes, et quae sunt dicta notanda notent.
Excipiant chartis ea quae sunt digna notatu,
    Scripta manent, sed non auribus hausta manent.
Abstineant risu, vel murmure prorsus ab omni,
    Improbitas castis absit inepta scholis.
Quisquis in hoc ipso fuerit peccare notatus,
    Respectu poenas quolibet absque dabit.
Inter discipulos non est respectus habendus,
    Discrimen probitas sola modesta facit.

7. Omnibus in scamnis absentibus annotet ille,
    Quem ratio officii vel vocat ordo loci.
Si nec is esse potest ob iusta negotia praesens,
    Hoc tamen officium curet ut alter agat.

8. Dimissi e ludo, nullo clamore modesti
    Ordine, quo fuerit quisque locatus, eant.
Praecurrens alios non impunitus abibit,
    Addictos studiis ordo pudorque deceat.
Ante sed a ludo quam dimittantur, ad unum
    Omnes mox iterum cantica sacra canant.

9. Quando revertuntur post prandia, perlegat unus
    Ex Bibliis iterum, cum cecinere, caput.
Mane caput veteris testamentique legatur.
    Quando sonum vero prima dat hora, novi.

10. Nemo in coenobio structuras sive fenestras
    Frangat ibi quemquam dedecoretve locum.

Gesetz 6: Wenn gelesen wird, sollen alle mit aufmerksamem Verstand ruhig sitzen und sich notieren, was gesagt wird. Sie sollen die bemerkenswerten Dinge aufschreiben, denn Geschriebenes bleibt, während das von den Ohren Erfasste nicht bleibt. Sie sollen gänzlich auf jedes Lachen oder Murmeln verzichten; unangebrachte Ungezogenheit ist sei von keuschen Schulen fern. Wer dabei ertappt wird, in diesem Punkt zu sündigen, wird ohne Rücksicht Strafen büßen müssen. Unter den Schülern soll es keine Bevorzugung geben, nur bescheidene Bravheit macht einen Unterschied.

Gesetz 7: Für alle, die in den (Schul-)Bänken abwesend sind, soll derjenige (dies) aufschreiben, den das System des Amts oder die Ordnung des Platzes dazu beruft. Kann dieser aus berechtigten Gründen nicht anwesend sein, soll er dafür sorgen, dass jemand anderes diese Aufgabe übernimmt.

Gesetz 8: Wenn sie aus dem Unterricht entlassen werden, sollen sie ohne Lärm in der Ordnung gehen, in der ein jeder saß. Wer die anderen überholt, wird nicht ungestraft davonkommen; Ordnung und Anstand zieren diejenigen, die sich dem Studium widmen. Bevor sie jedoch aus dem Unterricht entlassen werden, sollen sie alle gemeinsam erneut heilige Lieder singen.

Gesetz 9: Wenn sie nach dem Mittagessen zurückkehren, soll einer aus der Bibel erneut ein Kapitel lesen, nachdem sie gesungen haben. Am Morgen soll ein Kapitel aus dem Alten Testament gelesen werden und, wenn die erste Stunde schlägt (also wenn es 1 Uhr ist), eines aus dem Neuen.

Gesetz 10: Niemand soll im Kloster Gebäude oder Fenster zerbrechen oder den Ort in irgendeiner Weise verunstalten.

11. Est ornamentum iucunda modestia magnum.
    Sit discens igitur quilibet huius amans,
Atque verecundus studeat servare decorum
    In dictis, factis, gestibus, inque gradu.
Egrediens ludo vitet quoscunque viarum
    Circuitus, recta mox sua tecta petat.
Nudet proque viris gravibus, senibusque piisque
    Matronis, castis virginibusque caput
Ut probet e ludo sese prodire modesto,
    Et non e caulae sordidiore luto.

12. Iussa domi peragat puer unusquisque Parentum,
    Quod Dominive iubent, officiosus agat.
Addictos siquidem Musis, decet esse vicissim
    Gratos, hospitibus morigerosque suis.
Sit sine lite domi pacem turbante modestus,
    Nec sit multiloquae garrulitatis amans.
Sunt homini geminae factae divinitus aures,
    Est illi tantum lingua, sed una data,
Atque patent aures, vallantur dentibus ora,
    Plus audire, minus noverit ergo loqui.

13. Discipuli repetant in nostra, qualibet hora
    Quae praeceptores proposuere, schola.
Praelectum primo discant exponere textum,
    Ipsius summum concipiantque brevem.
Grammaticam studeant investigare, venustas
    Infigant animo praecipuasque phrases.
Fabellas etiam, proverbia trita, iocosque
    Communes, et quae sunt bene dicta notent.
Tempus inutiliter caveant consumere segnes,
    Non quia, praeteriit quae semel hora, redit.

14. Compositis manibus flagranti cordeque fundant,
    Post ut et ante cibum vota precesque Deo.

Gesetz 11: Angenehme Bescheidenheit ist ein großes Schmuckstück. Jeder Schüler soll ein Liebhaber dieser Tugend sein und darauf achten, in Worten, Taten, Gesten und Laufen Anstand zu wahren. Beim Verlassen des Unterrichts soll er Umwege aller Art vermeiden und sogleich geradewegs in sein Haus gehen. Er soll sein Haupt vor ehrwürdigen Männern, Alten, frommen Matronen und keuschen Jungfrauen entblößen, um zu zeigen, dass er aus dem Unterricht sittsam herauskommt und nicht aus dem recht dreckigen Schlamm eines Stalls.

Gesetz 12: Jeder Schüler soll zu Hause die Befehle seiner Eltern oder das, was ihre Herren befehlen, gewissenhaft ausführen und soll pflichtbewusst handeln. Da sie den Musen verpflichtet sind, sollen sie im Gegenzug dankbar und sittsam gehorsam gegenüber ihren Gastgebern sein. Zu Hause sollen sie friedlich und ohne Streit sein und nicht der Liebe zum Geschwätz verfallen. Dem Menschen sind von Gott zwei Ohren gegeben worden, aber nur eine Zunge, und während die Ohren offen sind, ist der Mund von Zähnen umgeben. Deshalb soll er mehr zu hören und weniger zu reden verstehen.

Gesetz 13: Die Schüler sollen zu jeder Stunde das wiederholen, was die Lehrer in unserer Schule vorgelegt haben. Sie sollen den vorgetragenen Text zuerst auszulegen lernen und dessen Hauptaussagen begreifen. Sie sollen sich bemühen, die Grammatik zu ergründen und ihrem Geist schöne Ausdrücke und Wendungen einprägen; auch kleine Fabeln, bewährte Sprichwörter, Gemeinplätze und gut Gesagtes sollen sie beachten. Die Trägen sollen vermeiden, ihre Zeit unnütz zu verschwenden, denn die einmal vergangene Stunde kehrt nicht zurück.

Gesetz 14: Mit gefalteten Händen und brennendem Herzen sollen sie vor und nach dem Essen Gebete und Bitten an Gott

Ad mensam studeant potuque ciboque paratam
Non secus ac aram vadere, non ut haram.

15. Ire volens cubitum grates ex pectore dicat
Imo, pro meritis praesidiisque Deo.
Oret et in Christi supremum nomine patrem,
Ulterius clemens ut Deus esse velit.
Ipsi commendet cognatos, atque parentes
Ac Praeceptores, se, studiumque suum.
Proque Magistratu, coetuque precetur eorum
Qui sacrum a Christi nomine nomen habent.
Et quia praelectum repetens meditatio prodest
Auditum vigilans cogitet id quod erat.
Ac ita quotidie consideret ante soporem,
Praeterito didicit quae memoranda die.

## Titulus Tertius:
## De vestitu et non gerendis armis

Lex 1. Discipulos volumus nostros quoque vestibus uti
His, quae Musarum castra togata decent.
Qui caligis laceris gaudent, equitumque cucullis,
Martis, non artis, praestat adesse gregi.

2. Evitent sordes, in amictu simplice, mundam
Atque venustatem, quae satis ornat, ament.

3. Charta, libri, calamus, sunt arma, scholasticus ordo
Quae nostro simplex in grege sola gerat.
Bombardas, enses, glandes, gerat horrida miles
Arma, quies Musis, Mars ubi regnat, abest.

richten. Am Tisch sollen sie sich so verhalten, als ob sie zu einem Altar und nicht zu einem Schweinestall gehen.

Gesetz 15: Wer zum Schlafen gehen will, soll Gott aus tiefster Brust Dank sagen für die Verdienste und den Schutz. Er soll auch den höchsten Vater im Namen Christi bitten, dass Gott auch weiterhin gnädig sein möge. Er soll ihm seine Verwandten, Eltern und Lehrer sowie sich selbst und sein Studium anempfehlen. Beten soll er für die Obrigkeit und die Gemeinschaft derer, die den heiligen Namen von Christi Namen haben. Und da, weil es das Vorgelesene wiederholt, das Überlegen von Nutzen ist, soll er wachsam darüber nachdenken, was zu hören gewesen ist. Und so soll er jeden Tag vor dem Schlafen bedenken, was er am vergangenen Tag gelernt hat.

**Dritter Titel:**
**Über Kleidung und das Nichttragen von Waffen**

Gesetz 1: Wir wollen, dass unsere Schüler auch die Kleidung tragen, die den gesitteten Lagern der Musen entspricht. Diejenigen, die zerrissene Soldatenstiefel und Kapuzenmäntel von Reitern tragen, gehören eher zur Schar des Mars als der Kunst.

Gesetz 2: Sie sollen Schmutz vermeiden und einfache, aber saubere und ansprechende Kleidung lieben, die ausreichend schmückt.

Gesetz 3: Papier, Bücher und Schreibfeder sind die Waffen, die der schlichte schulische Orden in unserer Schar tragen soll. Bomben, Schwerter und Kugeln sind die Waffen des rauen Kriegers; den Musen fehlt die Ruhe, wo Mars regiert.

## Titulus Quartus:
## De cavendis periculis animi et corporis

Lex 1. Non secus ac animi fugiant et corporis hostes
  Immodicum potum luxuriamque cibi.
Non adeant potus Bacchi Cererisque tabernas,
  Non Musae strepitus, ocia mentis ament.

2. Noxia scurrarum levium consortia vitent,
  Nam male corrumpunt inficiuntque bonos.
Talis eris, quales sunt, quos tibi foedere iungis,
  Tacta solet niveas pix maculare manus.

3. In plateis noctu sine causa nemo vagetur,
  Discursus noctis saepe silentis obest.

4. Se nemo credat praeterlabentibus undis
  Ut natet, aestivo tempore quando tepent.
Credere fluminibus sese fallacibus ausi,
  Saepius in mediis emoriuntur aquis.

5. Flumina frigoribus cum bruma coegit acutis,
  Discurrat fisus nemo per illa gelu.
Multoties talis pueros audacia laesit
  Confracta costa, crure, vel osse manus.

6. Depopulatores hortorum, vitibus uvas
  Clam decerpentes, non schola nostra feret.

## Vierter Titel:
## Über die Vermeidung von Gefahren für Geist und Körper

Gesetz 1: Sie sollen die Feinde des Geistes und des Körpers gleichermaßen meiden, nämlich übermäßiges Trinken und Schlemmen. Sie sollen die Getränke des Bacchus und die Tavernen der Ceres nicht besuchen: Die Musen lieben keinen Lärm, sondern die Ruhe des Geistes.

Gesetz 2: Sie sollen den schädlichen Umgang mit leichtfertigen Menschen meiden, denn diese verderben und infizieren die Guten. Du wirst so sein, wie diejenigen sind, mit denen du dich im Bund verbindest; berührtes Pech pflegt auf weiße Hände abzufärben.

Gesetz 3: Auf den Straßen soll sich nachts niemand ohne Grund herumtreiben, denn das Umherstreifen in der Nachtstille schadet oft.

Gesetz 4: Niemand soll sich darauf verlassen, dass er in fließenden Gewässern schwimmen kann, wenn sie im Sommer warm sind. Alle, die sich den trügerischen Flüssen anzuvertrauen wagen, ertrinken oft mitten in den Wassern.

Gesetz 5: Wenn die Flüsse im Winter von scharfem Frost gefroren sind, soll niemand darauf laufen. Oft hat solcher Leichtsinn den Knaben geschadet, sei es durch gebrochene Rippen, Beine oder Handknochen.

Gesetz 6: Plünderer von Gärten und diejenigen, die heimlich Trauben von den Reben stehlen, duldet unsere Schule nicht.

## Titulus Quintus: De Exercitiis

Lex 1. Est exercitii vis maxima, maximus artis
Est usus, discens ergo sit huius amans.
Plurima quotidie vigilans ediscat ad unguem,
Mens hebes exacui quo quasi cote solet.

2. Ars exercitio scribendi cognita iuncto
Cum pariat doctor eloquiumque ferat.
Argumenta, sibi data, quae vertenda fuerunt,
Reddant, exhibeant Mercuriique die.
Utantur verbis in eis phrasibusque probatis,
Praelectus quales quilibet autor habet.
Reddere structurae rationem sintque parati,
Id magis intentos quoslibet esse facit.
In prima Logicam quoque, verum in classe secunda
Grammaticam debent hoc recitare die.

3. Discipulis studium scribendi carmina prodest,
Ponet in hoc operam quilibet ergo suam.
Tersius hi dicunt, bene qui tetigere poesin,
Optima verborum pondera namque sciunt.
Qualibet hebdomada simul ergo carmina nectent,
Scribere ne tantum verba soluta sciant.

4. Inter se nostros volumus sermone Latino
Uti discipulos, quos schola nostra fovet.
Hoc exercitium quia verba Latina loquendi
Non magna in studiis utilitate caret.
Transfert dicendi formas Ciceronis ad usum,
Quasque phrases purus quilibet autor habet.

## Fünfter Titel: Über Übungen

Gesetz 1: Übung hat große Kraft, der Gebrauch der Kunst ist am wichtigsten. Also soll der Schüler ein Liebhaber dieser Übungen sein. Täglich soll er viele Dinge fleißig auswendig lernen, denn ein stumpfer Geist wird durch Übung geschärft.

Gesetz 2: Die Kunst des Schreibens, verbunden mit Übung, bringt Gelehrsamkeit und Redegewandtheit hervor. Sie sollen die ihnen gegebenen Aufgaben, die zu übersetzen waren, zurückgeben und am Merkurstag (Mittwoch) vortragen. Sie sollen darin probate Wörter und Wendungen nutzen, wie sie jeder vorgelesene Autor hat. Sie sollen dazu bereit sein, das Prinzip der Struktur wiederzugeben, was die Aufmerksamkeit fördert. In der ersten Klasse sollen sie an diesem Tag Logik, in der zweiten Grammatik rezitierten.

Gesetz 3: Es ist nützlich, dass Schüler Gedichte schreiben, daher soll jeder seine Mühe darauf verwenden. Diejenigen, welche die Poesie gut erfasst haben, sprechen gewählter, denn sie kennen die besten Gewichte der Wörter. Daher sollen sie jede Woche Gedichte verfassen, damit sie nicht nur in Prosa zu schreiben wissen.

Gesetz 4: Wir wollen, dass unsere Schüler, die unsere Schule fördert, auch untereinander die lateinische Sprache nutzen. Diese Übung ist nämlich von großem Nutzen für das Studium. Es überträgt die Redeformen Ciceros in die Praxis und verwendet die Wendungen, die jedweder reine Autor hat.

5. Cum datur a nostro consueta vacatio ludo,
Quae data sunt, debent vertere scripta domi.
Sique volunt animi recreandi ludere causa,
Ludere post illud non prohibemus eos,
Si modo sint ludi (velut esse iubentur) honesti,
Venandi lucrum non quibus insit amor.

6. Progressus volumus nos explorare quotannis,
Bis, quod ad examen se bene quisque paret.
Ut ratione sui profectus inde locetur,
Ac sicut dignus promoveatur, erit.

**Titulus Sextus:**
**De admittendis et dimittendis discipulis**

Lex 1. Huius non ludis ex particularibus urbis
Discipulum nostrae nolumus esse scholae,
Hunc nisi vel Pastor, vel ludi Rector, ut aptum
A se dimissum testificatus erit
More vel antiquo sua post examina dignum
Ad nostram mitti senserit esse scholam.

2. Iuxta Grammaticae leges admittimus artis,
Qui tolerabiliter nectere verba sciunt.

3. Non quoque suscipimus peregrinum, littera testis
Ni bene quod sese gesserit, ante probet.
Admissos temere, docet experientia toti
Tactos dedecori saepe fuisse scholae.

Gesetz 5: Wenn von unserem Unterricht die übliche Ferienzeit gewährt wird, sollen sie die ihnen gegebenen Schriften zu Hause übersetzen. Wenn sie zur Erholung des Geistes spielen wollen, verbieten wir jenes Spielen danach nicht, sofern die Spiele anständig sind (oder befehlsgemäß sein müssen) und ihnen nicht Liebe zum Gewinnmachen innewohnt.

Gesetz 6: Wir wollen die Fortschritte jedes Schülers jährlich zweimal überprüfen, damit jeder sich gut auf die Prüfung vorbereitet. Damit er entsprechend seinen Fortschritten eingestuft wird und so, wie es ihm gebührt, befördert wird, wird dies so sein.

## Sechster Titel: Über die Aufnahme und Entlassung von Schülern

Gesetz 1: Keiner, der nicht aus den Unterrichtsstätten dieser Stadt kommt, soll Schüler unserer Schule sein, es sei denn, dass ein Pastor oder der Schulleiter bestätigt, dass er von ihm als geeignet entlassen wurde, oder dass er nach altem Brauch nach seinen Prüfungen als würdig befunden wurde, an unsere Schule geschickt zu werden.

Gesetz 2: Gemäß den Regeln der Grammatikkunst nehmen wir diejenigen auf, die in der Lage sind, die Wörter zufriedenstellend zu verbinden.

Gesetz 3: Auch nehmen wir keinen Fremden auf, wenn er nicht ein schriftliches Zeugnis vorlegt, dass er sich zuvor gut benommen hat. Die Erfahrung zeigt, dass willkürlich aufgenommene Schüler oft der Schule zur Unehre gereichen.

4. Qui vult a nobis alio discedere, gratus
    In praeceptores ille sit ante suos.
Cogitet ingrato nihil esse nocentius, olim
    Qui quodvis vitium dictus habere fuit.
Munera non petimus non venamurque lucella,
    Ante valedicas cuius es usus ope.
Aequivalens precium non reddi posse parenti
    Ac praeceptori, dixit Aristoteles.
Ex animo grates ferat ergo scholasticus, ausu
    Nec proprio nostrae desinat esse scholae.
Publica non adeat prius ad Collegia, quam sit
    Per praeceptores cognitus aptus eis.

5. Morigeros aliis bene commendabimus omni
    Officio, a nobis cedere quando volunt.

## Titulus Septimus:
## De canentibus ostiatim figurali musica et officio Regentium cantum

Lex 1. Ante figuralem qui exercent ostia cantum,
    Ornatos volumus moribus esse bonis.
Ut sint in cives grati, videantur et esse
    Digni, danda piae sint quibus aera stipis,
Per vicos urbis incedant ergo modesti
    Ac bini, rixas effugiantque leves.
Ex horum numero puerorum nemo vagetur,
    Ordine, quo fuerit iussus ut iret, eat.

2. Cum coetu cupiunt hoc se quicunque canenti
    Qualibet ex Parochi consociare schola,
Non recipi debent, a praeceptore priusquam
    Litterulas testes hoc cupiente ferant.

Gesetz 4: Wer anderswohin von uns weggehen will, soll zuerst seinen Lehrern gegenüber dankbar sein. Er soll bedenken, dass es nichts Schädlicheres gibt als Undankbarkeit, die schon einst als ein schlimmes Laster galt. Wir fordern keine Geschenke und jagen auch keinen kleinen Vorteilen nach, deren Hilfe du, bevor du dich verabschiedest, benutzt hast. Dass es unmöglich ist, dem Vater und dem Lehrer angemessenes Entgelt zurückzuzahlen, sagt Aristoteles. Daher soll ein Schüler aus tiefstem Herzen Dankbarkeit zeigen und nicht bloß aus eigenem Antrieb unsere Schule verlassen. Er soll nicht zu öffentlichen Kollegien (Universitäten) gehen, bevor die Lehrer ihn als geeignet erkannt haben.

Gesetz 5: Diejenigen, die anderen gegenüber gehorsam sind, werden wir für jedes Amt gut empfehlen, wenn sie von uns weggehen wollen.

## Siebter Titel:
## Über die an den Türen in Figuralmusik singenden Schüler und die Aufgaben der Chorleiter

Gesetz 1: Diejenigen, die vor den Türen figuralen Gesang ausüben, sollen gute Sitten haben. Damit sie den Bürgern dankbar sind und als würdig erscheinen, denen man fromme Almosen gibt, sollen sie daher bescheiden und jeweils zu zweit durch die Straßen der Stadt gehen und leichte Streitigkeiten vermeiden. Von diesen Knaben soll keiner umherstreifen; in der Ordnung, in der zu gehen ihm befohlen wurde, soll jeder gehen.

Gesetz 2: Alle, die sich dieser singenden Gemeinschaft anschließen möchten, gleich aus welcher Parochialschule, sollen nicht aufgenommen werden, bevor sie nicht vom Lehrer ein Schreiben vorlegen, das diesen Wunsch bezeugt.

3. Non ullos etiam coetu patiemur in illo,
    Qui non in nostra sint aliave schola.
Sub certis discant ubi praeceptoribus artes,
    Aut spes est doctos quos fore nulla viros.
Progressus igitur quo cognoscantur eorum,
    Omnes censurae subiiciemus eos.
In quovis id bis fietque fideliter anno,
    Ut pateat digni num videantur ope.
Indigni siquidem nec opem, nec dona merentur,
    Discrimen fucos exstet et inter apes.

4. Quattuor in partes cum sit distinctio coetus
    Facta, Regens praesit non male quisque suos.
Ac tempestive praesens, neque tardior adsit,
    Praebeat exemplum semper eisque bonum.
Qui regitur, sequitur vestigia namque regentum,
    Hi quod agant licitum credit id esse sibi.

5. Distribuat recte voces, et cantumque regentes
    Cum baculi tactu conveniente regant.

6. Intendat coetus puerorum quisque Regenti,
    Ipsius ad tactum seque canendo gerat.
Attenteque bonos caveat confundere cantus,
    Offendens aures nascitur unde sonus.
Eius convictus causam praebere vel ansam,
    Errati poenas pro ratione dabit.

Gesetz 3: Wir werden in dieser Gemeinschaft auch niemanden dulden, der nicht in unserer oder einer anderen Schule ist. Sie sollen unter bestimmten Lehrern Künste erlernen, oder es gibt keine Hoffnung, dass sie jemals gebildete Männer werden. Daher werden wir alle einer Prüfung unterziehen, um ihre Fortschritte zu erkennen. Dies soll jedes Jahr zweimal treu durchgeführt werden, damit sichtbar wird, ob sie Unterstützung verdienen. Die Unwürdigen verdienen nämlich weder Unterstützung noch Gaben; es soll ein Unterschied zwischen Drohnen und Bienen bestehen

Gesetz 4: Da die Gemeinschaft in vier Gruppen aufgeteilt ist, soll jeder Anführer gut über seine eigenen wachen und rechtzeitig anwesend sein, nicht zu spät, und immer ein gutes Beispiel für sie geben. Wer geführt wird, folgt ja den Spuren der Anführenden; was diese tun, hält er für sich selbst für erlaubt.

Gesetz 5: Er soll die Stimmen richtig verteilen und die Anführer sollen den Gesang mit dem passenden Takt des Stabes leiten.

Gesetz 6: Jede Gemeinschaft von Knaben soll auf den Anführer achten und sich beim Singen nach dessen Takt richten und sorgfältig vermeiden, den guten Gesang zu verwirren, wodurch ein unangenehmer Klang entsteht, der die Ohren beleidigt. Wer den Anlass oder die Ursache für dieses Missklang gibt, wird entsprechend für den Fehler bestraft.

7. Insuavem reddit quia festinatio cantum,
Asservent tactus pro ratione modum.
Nec simul in platea duo coetus aedibus una
Diversis, mixta cantica voce canant.
Ad duo disiunctim sic ostia quando canuntur,
Cantica bina simul, neutra placere queunt.
Ergo duos si fit pariter concurrere coetus,
Coniungant unas se simul ante fores.
Coniunctimque canant, confusio dissona possit
Hoc ut vitari conveniente modo.

8. Praetereant etiam canitur quibus ostia nulla,
Contempsisse stipis ne videantur opem.

9. Convivas sponsi cantu exhilarare rogati,
Gestibus abstineant turpibus atque iocis.
Non obscaena canant, non impia cantica iussi
Cedant, non onerent ebrietate caput.

10. Ut sint in promptu praestantia cantica curent,
Quaeque cani possint civibus ante fores.

11. Acris inaequalis ne sit divisio parti,
Praeceptor praesens, haec ubi fiet, erit.

12. Quisque suam partem bene collocet inque tabernis
Non male consumat perditionis amans.

Gesetz 7: Weil Eile den Gesang unangenehm macht, sollen sie das angemessene Taktmaß bewahren. Auch sollen auf der Straße nicht zwei Gruppen gleichzeitig vor einem Haus, aber aus verschiedenen Richtungen, mit vermischten Stimmen Lieder singen. Wenn an zwei verschiedenen Türen gleichzeitig Lieder gesungen werden, können ja beide nicht gefallen. Daher sollen zwei Gruppen, wenn sie aufeinandertreffen, vor einer einzigen Tür vereinen. Und gemeinsam singen sollen sie, damit eine dissonante Verwirrung auf diese passende Weise vermieden werden kann.

Gesetz 8: Auch sollen sie an denen vorbeigehen, bei denen keine Türen besungen werden, damit es nicht so aussieht, als hätten sie die Hilfe eines Almosens verachtet.

Gesetz 9: Wenn sie gebeten werden, als Gäste eines Verlobten (bei einem Hochzeitsfest) durch Gesang für Heiterkeit zu sorgen, sollen sie sich von schmutzigen Gesten und Witzen fernhalten. Sie sollen keine obszönen oder unfrommen Lieder singen und das Haupt nicht mit Trunkenheit beschweren.

Gesetz 10: Sie sollen dafür sorgen, dass herausragende Lieder bereit sind, die vor den Türen der Bürger gesungen werden können.

Gesetz 11: Es soll keine ungleiche scharfe Aufteilung bei der Stimme geben; der Lehrer wird anwesend sein, wo dies geschieht.

Gesetz 12. Jeder soll seine Stimme gut einsetzen und nicht schlecht in Wirtshäusern verschwenden, wie ein Liebhaber der Verderbnis. Nicht sollen die Bürger in Bedrängnis gera-

Ne cives aegre perdi sua dona ferentes,
    Ulterius solitam ferre graventur opem.
Hanc legem turpi quisquis violaverit ausu,
    Ille luet poenas pro levitate graves.
Si vice peccarit post intervalla secunda,
    E numero coetus eiiciemus eum.
Non volumus nebulo nocuus sit ut omnibus unus,
    Infamis totum dedecoretque gregem.

13. Pectoris ingrati ne possit labe notari,
    Se praestet gratum civibus ipse puer.
Pro quorum semper fundat pia vota salute,
    Et quod heri mandant officiosus agat.
In templis solitis cantum iuvet omnibus, orat
    Hanc cuiusque scholae cum moderator opem.

ten, weil ihre Gaben verloren gehen, und nicht sollen sie damit beschwert werden, die übliche Hilfe zu leisten. Wer auch immer dieses Gesetz mit schändlichem Mut verletzt, der wird schwere Strafen für seine Leichtfertigkeit erleiden. Wenn er nach einer zweiten Pause erneut sündigt, werden wir ihn aus der Gruppe ausschließen. Wir wollen nicht, dass ein einziger Taugenichts allen schadet und die ganze Schar in Schande bringt.

Gesetz 13: Damit der Knabe nicht mit dem Makel einer undankbaren Brust behaftet werden kann, soll es sich selbst den Bürgern als dankbar erweisen. Möge er stets fromme Gebete für deren Wohl sprechen und gewissenhaft das tun, was man ihm gestern aufgetragen hat. In den gewohnten Kirchen soll das Lied allen gefallen; der Leiter jeder Schule betet um diese Hilfe.

## *Ratio docendi vel ordo studiorum*

Prima sacrae nostros pueros elementa docemus 1
Doctrinae in nostra sedulitate schola.
Tractamus primas illisque fideliter artes
Auctores una praelegimusque bonos.
Unde venit sermo, graviumque scientia rerum,
Efficiunt doctos quae duo iuncta viros.

Addimus autores Graecos Tyronibus aptos, 7
Ac explanamus convenienter eos.
Rectius ut Graecam linguam pariterque Latinam
A teneris annis discere quisque queat.

Ad captum nostri gregis est aptata docendi 11
Artes, in nostra forma modusve schola.
Inculcamus enim praecepta in qualibet arte
Singula dicendi simplicitate brevi.
Ac declaramus cum convenientibus illa
Exemplis, usum quae simul artis habent.
Discipulos etiam nostros praecepta iubemus
Discere, et exemplis reddere clara suis.
Insuper exigimus rursus, quae lecta fuerunt,
Hoc horae fieri parte priore solet.

Tradimus autores sic: exponamus ut illos 21
Ad verbum, noster primus is estque labor.
Dictamus brevibus verbis quoque postea summam,
Dictaque colligimus, quae bona textus habet.
Haec quia de rebus multis hortantur honestis,
Ad pueri mores expediuntque bonos.

## Lehrprinzip und Studienordnung

Zunächst lehren wir unsere Schüler die Grundlagen der heiligen Lehre in unserer Schule mit Fleiß. Wir behandeln für jene getreu die ersten Künste und lesen ihnen zugleich die guten Autoren vor. Von dort kommen die Sprache und die Wissenschaft von ernsten Dingen und diese beiden machen zusammen gebildete Männer.

Wir fügen griechische Autoren hinzu, die für Neulinge geeignet sind, und erklären sie angemessen, damit jeder die griechische Sprache und ebenso die lateinische Sprache von jungen Jahren an besser lernen kann.

An den Verstand unserer Schar angepasst sind die Kunst des Lehrens, in unserer Schule die Form oder die Weise. Wir vermitteln nämlich die einzelnen Regeln jedweder Kunst mit kurzer Einfachheit des Sprechens. Und wir erläutern diese mit passenden Beispielen, die gleichzeitig den Nutzen für die Kunst haben. Wir befehlen auch unseren Schülern, die Regeln zu lernen und sie durch eigene Beispiele deutlich zu machen. Außerdem fordern wir immer wieder, dass das, was gelesen wurde, gewöhnlich im ersten Teil der Stunde gemacht wird.

So unterrichten wir die Autoren: Dass wir sie Wort für Wort erklären, ist unsere erste Arbeit. Wir diktieren danach auch in kurzen Worten die Zusammenfassung und sammeln, was an der Text an guten Aussagen hat. Da diese über viele ehrbare Dinge sprechen, fördern sie auch die guten Sitten des Knaben.

Grammaticae excutimus praecepta, fuere monemus 27
Dicta figurato quae propriove modo.
Dicendi electas dictamus denique formas,
Ac ediscendas iungimus hasce phrases.
Monstramus quidnam metricus, quid sermo solutus,
Approbet, et contra non quid uterque probet.
Utque semel dicam, quae sint imitanda monemus,
In quovis, et quae non imitanda libro.

Grammatici est virtus quaedam nescire docentis, 35
Omnia non uno suntque docenda loco.
Non igitur pueros multis oneramus, ad ipsam
Quae modo rem faciunt, excipienda damus.
Ac exercitium scribendi urgere solemus,
Officii memores qualibet hebdomada.
Materiam scripti dictamus namque soluti,
Argumenta simul carminis atque damus.
Ac emendamus scriptum cuiusque notantes
Regula grammaticae si violata fuit.
Ut vitent dictum dure insoliteque monemus,
Ac id qua fieri commoditate decet
Interdum quaedam quia dissimulare solemus,
Ne studium ex odio deserat omne puer.
Multi desperant, execranturque labores,
Deleri in scriptis omnia quando vident.

Bis quoque discipulos examen quolibet anno 51
Nostros, cum menses sex abiere, probat.
Ut bene progressus per id explorentur eorum,
Iuxta quos digne promoveamus eos.

Wir arbeiten die Lehren der Grammatik heraus und belehren über das, was in figurativer oder eigentlicher Weise gesagt worden ist. Schließlich diktieren wir ausgewählte Formen des Redens und fügen diese Wendungen zum Auswendiglernen hinzu. Wir zeigen, was der metrische und was der Prosastil billigen und was hingegen jeder von beiden nicht billigt. Um es kurz zu sagen: Wir belehren darüber, was in jedem Buch nachzuahmen ist und was nicht.

Es ist eine gewisse Tugend des Grammatikers, das Nichtwissen des Schülers zu verstehen, und nicht alles soll an einem Ort gelehrt werden. Deshalb belasten wir die Kinder nicht mit vielem, sondern geben ihnen nur das, was gerade für das Verständnis notwendig ist. Wir pflegen auch, auf das Üben des Schreibens zu drängen zu üben, wobei wir jede Woche an die Pflicht erinnern. Wir diktieren das Thema des Schreibens sowohl für Prosa als auch für Dichtung und geben die Stoffe dazu. Und wir korrigieren das Geschriebene jedes Einzelnen, indem wir anmerken, wenn eine Regel der Grammatik verletzt wurde. Dass sie rau und ungewöhnlich zu sprechen vermeiden, mahnen wir an und raten manchmal dazu, etwas zu übersehen, damit das ganze Interesse des Knaben nicht durch Abneigung verloren geht. Viele verzweifeln und verfluchen die Mühen, wenn sie sehen, dass alles in ihren Schriften herausgestrichen wird.

Zweimal im Jahr, wenn sechs Monate vergangen sind, prüft ein Examen unsere Schüler, damit auf diese Weise ihre Fortschritte gut neben denen überprüft werden, die wir würdig befördern wollen.

Wiedergegeben sind hier die Titelseite, die Seiten mit den *Leges de moribus* sowie die beiden letzten bedruckten Seiten des Buches.

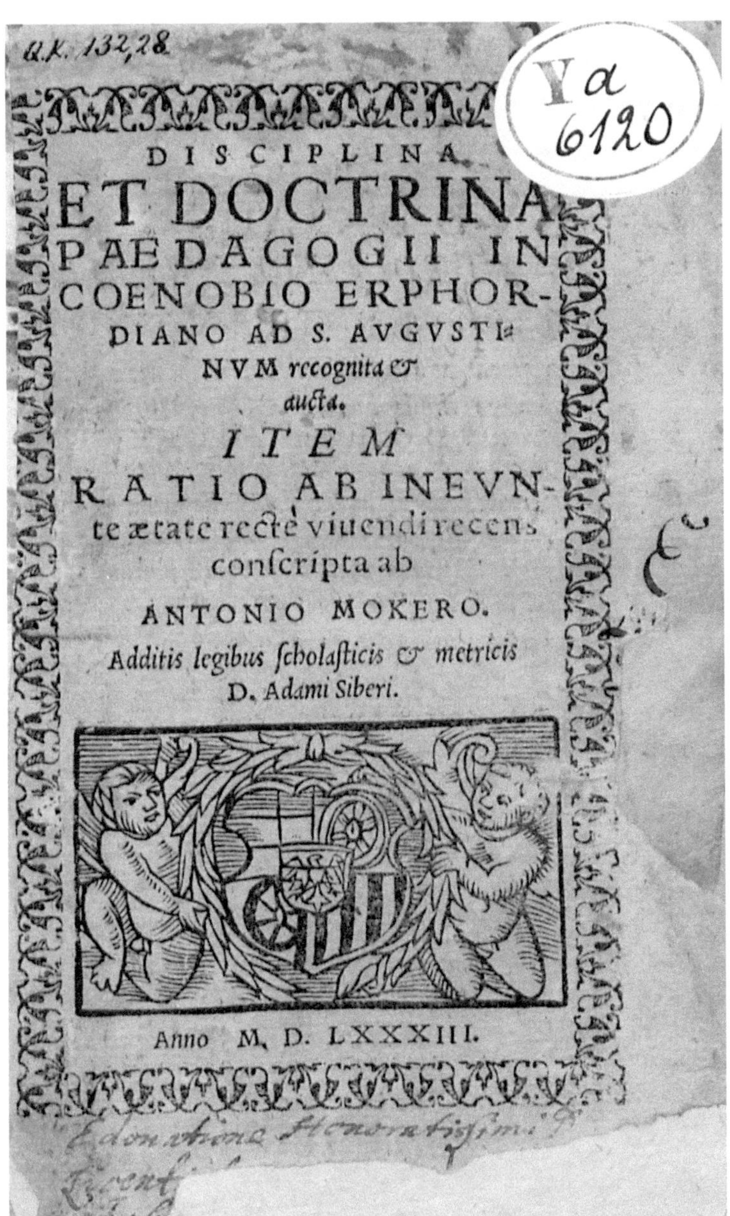

Q.K. 132,28

Ya 6120

DISCIPLINA
ET DOCTRINA
PAEDAGOGII IN
COENOBIO ERPHOR-
DIANO AD S. AVGVSTI-
NVM *recognita &*
*aucta.*

*ITEM*

RATIO AB INEVN-
te ætate rectè viuendi recens
conscripta ab
ANTONIO MOKERO.

*Additis legibus scholasticis & metricis*
D. *Adami Siberi.*

Anno M. D. LXXXIII.

# LEGES DE MORIBVS ET DISCIPLINA scholastica M. Antonii Mokeri, in septem titulos distributæ.

1. *De pietate & eius exercitijs.*
2. *De diligentia, attentione animi & moribus præstandis in schola, paternis ædibus, hospitijs & publicis plateis.*
3. *De vestitu & non gerendis armis.*
4. *De cauendis periculis animi & corporis.*
5. *De exercitijs.*
6. *De admittendis & dimittendis discipulis.*
7. *De canentibus ostiatim figurali Musica.*

## *TITVLVS PRIMVS.*

De pietate & eius exercitiis.

Lex

DISCIPLINA

## Lex I.

DISCIPVLI in primis nostri pietatis amantes
Sint, & diuinum numen honore colant.
Eius mandatum seruent, cœlestia regna
Quærant, scripturis inuigilentq; sacris.
Hinc exundat enim, ueluti de gurgite uiuo,
Integritas uitæ cognitioq; boni.
His sine Parnaßi montis sublime cacumen
Pieridumq; choros nil tetigisse iuuat.
Palladis est aliquid didicisse fideliter artes,
Sed sunt ad sacras res uelut umbra silens.
Cætera quæ in speciem mundo bona magna uidentur,
Sunt quasi bulla, uapor, fumus & aura leuis.

II.

Doctrinæ discant sacra fundamenta, Lutheri
Nempe Catechismus qualia paruus habet.
In quibus auditur uox Christi, templa frequentent,
Attendant, & quæ sunt ibi dicta notent.
Harmonicis quoties canitur quoq; uocibus, omnes
Adsint, cantores atq; canendo iuuent.
At sacramenti quod templum porrigit usum
Discipulis, illi ferre tenentur opem.
Hac in re deceat quid ad ostia uoce canentes
Harmonica, in legum fine monere uolo.

III.

Quandoquidem Domini timor est sapientiæ origo,
Vnica cuiusuis principiumq; boni.
Non exercitium pietatis negligat ullus,
Quisq; pio fundat pectore uota Deo.

Oret

Oret pro cœtu Christi, pro dogmate sacro,
Pro statibus uitæ, proq; salute sua.
Et petat à Domino subtilis acumina mentis,
Quæ citò quod libris discere poßit, insit.
Fiat in æde sacra non illa precatio tantùm,
Ast etiam in quouis uespere, mane, loco.
Quotidie toto dicantur pectore grates
Pro uarijs donis pro meritisq; Deo.
Quod Christi cœtus, regnum ciuile, scholasq;
Seruet, & hæc inter tempora dura tegat.
Immensa utilitas ueluti de fonte perenni
Profluit in uitæ quoslibet unde status.

IIII.

Vt pietatis amans: sic impietatis & osor
Ex nostro debet quilibet esse grege.
Non Domini uanos assumat nomen in usus,
Non leuiter iuret, non maledicta uomat.

V.

Discipuli afficiant reuerenter honore parentes
Ac præceptores cordis amore colant.
Hi patres animi, sunt patres corporis illi,
Est tribuendus honos dignus utrisq; suus.
Hæc pietas studijs confert, malè proficit ille,
Qui præceptores non amat atq; colit.
Non immorigeros ratione fouebimus ulla,
Ne totus cœtus contrahat inde luem.
Gratior est multò puerorum turba proborum
Paruula, prauorum quàm numerosa cohors.

TITVS

# TITVLVS SECVNDVS.

## De diligentia, attentione animi, & moribus præſtandis in ſchola, paternis ædibus, hoſpitiis & publicis plateis.

### Lex I.

*SEgnitiem fugiant intempeſtiuaq; ſomni*
*Tempora. Nam ſtudijs ingenijſq; nocent.*
*Manè toro ſurgant, uotis ardentibus orent,*
*Atq; caput pectant, oſq; manuſq; lauent.*

### II.

*Quotidie ueniant in ludum tempore iuſto*
*Ante ſuum ſolitum quàm dedit hora ſonum.*
*Absq; graui cauſa ſegnes qui tardius adſunt,*
*Deſidiæ pœnas quas meruêre dabunt.*
*At ſine qui uenia, cum ſit prælectio, prorſus*
*Abſunt, hærebunt in grauiore malo.*

### III.

*Ante datum ſignum quicunq; aduenerit horæ,*
*Cœnobij petulans non ſtet is ante fores.*
*Sed mox ingrediens ludi penetrale, quietus*
*Occupet absq; leui garrulitate locum.*
*Nec ſit uicinis ulla ratione moleſtus,*
*Non extra proprium cedat eatq; locum.*
*Aut legat, aut ſcribat, memori uel mente reuoluat*
*Dicta prius, nil quo dedecoretur agat.*

Vitet

Vitet clamores, pugnas,conuitia,ludos,
    Futile colloquium,iurgia,ſcōmma,dolum.
Præceptore probus ſit non præſente, probatur
    Diſcipuli probitas, quando Magiſter abeſt.

IIII.

Manè canant omnes coniunctis uocibus hymnum,
    Ignea quo petitur flaminis aura ſacri.
Surgat quem tangit pueris ex omnibus ordo,
    Et Pſalmum clara uoce precesq; ferat.
Ex ſacris Biblijs caput hæc poſt uota legatur,
    Attendat tota cætera mente cohors.
Vt ſtudium à precibus:ſic incipiatur & hymno,
    Haſce preces uanas non ſinit eſſe Deus.

V.

Quì recitare fuit iuſſus,quæ lecta fuerunt,
    Id totus clara uoce paratus agat.
A pueris ſurgens alijs ſecedat,& omnes
    Deponat libros,eſt id utrumq; bonum.
Hoc quia non pacto recitanti admurmurat alter,
    Nec fallit recitans inſpiciendo librum.
Eſt dolus arcendus talis medicamine tali,
    Torpor ut à pueris excutiatur iners.
Quì fidit ſolis libris malè proficit,artis
    Eſt,quicquam clauſo dicere poſſe libro.

VI.

Cum legitur,ſedeant attenta mente quieti
    Omnes,& quæ ſunt dicta notanda notent.

Excipiant chartis ea quæ sunt digna notatu,
Scripta manent, sed non auribus hausta manent.
Abstineant risu, uel murmure prorsus ab omni,
Improbitas castis absit inepta scholis.
Quisquis in hoc ipso fuerit peccare notatus,
Respectu pœnas quolibet absq; dabit.
Inter discipulos non est respectus habendus,
Discrimen probitas sola modesta facit.

VII.

Omnibus in scamnis absentes annotet ille,
Quem ratio officij uel uocat ordo loci.
Si nec is esse potest ob iusta negotia præsens,
Hoc tamen officium curet ut alter agat.

VIII.

Dimissi è ludo, nullo clamore modesti
Ordine, quo fuerit quisq; locatus, eant.
Præcurrens alios non impunitus abibit,
Addictos studijs ordo pudorq; decent.
Ante sed è ludo quam dimittantur, ad unum
Omnes mox iterum cantica sacra canant.

IX.

Quando reuertuntur post prandia, perlegat unus
Ex Biblijs iterum, cum cecinere, caput.
Manè caput ueteris testamentiq; legatur,
Quando sonum uerò prima dat hora, noui.

X.

Nemo in Cœnobio structuras siue fenestras
Frangat, ibi quenquam dedecoretue locum.

Est

XI.

Est ornamentum iucunda modestia magnum,
Sit discens igitur quilibet huius amans.
Atq; uerecundus studeat seruare decorum
In dictis, factis, gestibus, inq; gradu.
Egrediens ludo uitet quoscunq; uiarum
Circuitus, rectà mox sua tecta petat.
Nudet proq; uiris grauibus, senibusq;, pijsq;
Matronis, castis uirginibusq; caput.
Vt probet è ludo sese prodire modesto,
Et non è caulæ sordidiore luto.

XII.

Iussa domi peragat puer unusquisq; parentum,
Quod Domini ue iubent, officiosus agat.
Addictos siquidem Musis, decet esse uicißim
Gratos, hospitibus morigerosq; suis.
Sit sine lite domi pacem turbante modestus,
Nec sit multiloquæ garrulitatis amans.
Sunt homini geminæ factæ diuinitus aures,
Est illi tantùm lingua sed una data,
Atq; patent aures, uallantur dentibus ora,
Plus audire, minus nouerit ergo loqui.

XIII.

Discipuli repetant in nostra, qualibet hora
Quæ præceptores proposuere, schola.
Prælectum primò discant exponere textum,
Ipsius summam concipiantq; breuem.

B 2 Gratia

Grammaticam studeant inuestigare, uenustas
Insigant animo præcipuasq; phrases.
Fabellas etiam, prouerbia trita, locosq;
Communes, & quæ sunt bene dicta notent.
Tempus inutiliter caueant consumere segnes,
Non quia præterijt quæ semel hora, redit.

XIIII.

Compositis manibus flagranti cordeq; fundant,
Post ut & ante cibum uota precesq; Deo.
Ad mensam studeant potuq; ciboq; paratam,
Non secus ac aram uadere, non ut haram.

XV.

Ire uolens cubitum grates ex pectore dicat
Imo, pro meritis præsidijsq; Deo.
Oret & in Christi supremum nomine patrem,
Vlterius clemens ut Deus esse uelit.
Ipsi commendet cognatos, atq; parentes
Ac præceptores, se, studiumq; suum.
Proq; Magistratu, cætuq; precetur eorum,
Qui sacrum à Christi nomine nomen habent.
Et quia prælectum repetens meditatio prodest,
Auditum uigilans cogitet id quod erat.
Ac ita quotidie consideret ante soporem,
Præterito didicit quæ memoranda die.

## TITVLVS TERTIVS.

## De vestitu & non gerendis armis.

Lex

Lex I.

DIſcipulos uolumus noſtros quoq; ueſtibus uti
His, quæ Muſarum caſtra togata decent.
Qui caligis laceris gaudent, equitumq́; cucullis,
Martis, non artis, præſtat adeſſe gregi.

II.

Euitent ſordes, in amictu ſimplice, mundam
Atq; uenuſtatem quæ ſatis ornat, ament.

III.

Charta, libri, calamus, ſunt arma, ſcholaſticus ordo
Quæ noſtro ſimplex in grege ſola gerat.
Bombardas, enſes, glandes, gerat horrida miles
Arma, quies Muſis, Mars ubi regnat, abeſt.

## TITVLVS QVARTVS.

### De cauendis periculis, animi & corporis.

Lex I.

NOn ſecus ac animi fugiant & corporis hoſtes
Immodicum potum, luxuriamq́; cibi.

II.

Non adeant potus Bacchi Cererisq; tabernas,
Non Muſæ ſtrepitus, ocia mentis amant.

III.

Noxia ſcurrarum leuium conſortia uitent,
Nam malè corrumpunt inficiuntq́; bonos.
Talis eris, quales ſunt, quos tibi fœdere iungis,
Tacta ſolet niueas pix maculare manus.

IIII.

In plateis noctu sine causa nemo uagetur,
Discursus noctis sæpè silentis obest.

V.

Se nemo credat præterlabentibus undis
Vt natet, æstiuo tempore quando tepent.
Credere fluminibus sese fallacibus ausi,
Sæpius in medijs emoriuntur aquis.

VI.

Flumina frigoribus cum bruma coëgit acutis,
Discurrat fisus nemo per illa gelu.
Multoties talis pueros audacia læsit
Confracta costa, crure, uel osse manus.

VII.

Depopulatores hortorum, uitibus uuas
Clam decerpentes, non schola nostra feret.

## TITVLVS QVINTVS.

### De exercitiis.

#### Lex I.

Est exercitij uis maxima, maximus artis
Est usus, discens ergo sit huius amans.
Plurima quotidie uigilans ediscat ad unguem,
Mens hebes exacui quo quasi cote solet.

II.

Ars exercitio scribendi cognita iuncto,
Cum pariat doctos eloquiumq; ferat.

Argu-

Argumenta, sibi data quæ uertenda fuerunt,
Reddant, exhibeant Mercurijq; die.
Vtantur uerbis in eis phrasibusq; probatis,
Prælectus quales quilibet autor habet.
Reddere structuræ rationem sintq; parati,
Id magis intentos quoslibet esse facit.
In prima Logicam, quoq; uerùm in classe secunda
Grammaticam debent hoc recitare die.

III.

Discipulis studium scribendi carmina prodest,
Ponet in hoc operam quilibet ergo suam.
Tersius hi dicunt, benè qui tetigere Poësin,
Optima uerborum pondera namq; sciunt.
Qualibet hebdomada simul ergo carmina nectent,
Scribere ne tantùm uerba soluta sciant.

IIII.

Inter se nostros uolumus sermone latino
Vti discipulos, quos schola nostra fouet.
Hoc exercitium, quia uerba latina loquendi
Non magna in studijs utilitate caret.
Transfert dicendi formas Ciceronis ad usum,
Quasq; phrases purus quilibet autor habet.

V.

Cum datur à nostro consueta uacatio ludo,
Quæ data sunt, debent uertere scripta domi.
Siq; uolunt animi recreandi ludere causa,
Ludere post illud, non prohibemus eos.

Si modò sint ludi (uelut esse iubentur) honesti,
Venandi, lucri non quibus insit amor.

VI.

Progressus uolumus nos explorare quotannis
Bis, quod ad examen se benè quisq; paret.
Vt ratione sui profectus inde locetur,
Ac sicut dignus promoueatur, erit.

## TITVLVS SEXTVS.

## De admittendis & dimittendis discipulis.

### Lex I.

Huius nos ludis ex particularibus urbis
Discipulum nostræ nolumus esse scholæ.
Hunc nisi uel Pastor, uel ludi Rector ut aptum
A se dimissum testificatus erit.
More uel antiquo sua post examina dignum
Ad nostram mitti senserit esse scholam.

II.

Iuxta Grammaticæ leges admittimus artis,
Qui tolerabiliter nectere uerba sciunt.

III.

Non quoq; suscipimus peregrinum, littera testis
Ni benè quod sese gesserit, ante probet.
Admissos temerè, docet experientia toti
Factos dedecori sæpè fuisse scholæ.

Qui

IIII.

Qui uult à nobis aliò discedere, gratus
In præceptores ille sit ante suos.
Cogitet ingrato nihil esse nocentius, olim
Qui quoduis uitium dictus habere fuit.
Munera non petimus non uenamurq; lucella,
Ante ualedicas cuius es usus ope.
Aequiualens precium non reddi posse parenti
Ac Præceptori dixit Aristoteles.
Ex animo grates ferat ergo, scholasticus ausu
Nec proprio nostræ desinat esse scholæ.
Publica non adeat prius ad collegia, quam sit
Per præceptores cognitus aptus eis.

V.

Morigeros alijs benè commendabimus omni
Officio, à nobis cèdere quando uolunt.

# TITVLVS SEPTIMVS.

## De canentibus ostiatim figurali Musica, & officio Regentum.

### LEX I.

ANte figuralem qui exercent ostia cantum,
Ornatos uolumus moribus esse bonis.
Vt sint in ciues grati, uideantur & esse
Digni, danda piæ sunt quibus æra stipis.

B 5 Per

Per uicos urbis incedant ergo modesti
Ac bini, rixas effugiantq; leues.
Ex horum numero puerorum nemo uagetur,
Ordine, quo fuerit iussus ut iret, eat.

II.

Cum coetu cupiunt hoc se quicunq; canenti
Qualibet ex Parochi consociare schola.
Non recipi debent, à praeceptore priusquam
Litterulas testes hoc cupiente ferant.

III.

Non ullos etiam coetu patiemur in illo,
Qui non in nostra sint aliaue schola.
Sub certis discant ubi praeceptoribus artes,
Aut spes est doctos quos fore nulla uiros.
Progressus igitur quo cognoscantur eorum,
Omnes censurae subijciemus eos.
In quouis id bis fietq; fideliter anno,
Vt pateat digni num uideantur ope.
Indigni siquidem, nec opem, nec dona merentur,
Discrimen fucos extet & inter apes.

IIII.

Quattuor in partes cum sit distinctio coetus
Facta, Regens praesit non malè quisq; suis.
Sed tempestiuè praesens, neq; tardior adsit,
Praebeat exemplum semper eisq; bonum.
Qui regitur, sequitur uestigia namq; regentum,
Hi quod agunt, licitum credit id esse sibi.

Distri-

V.

Diſtribuant rectè uoces, cantumq; Regentes
Cum baculi tactu conueniente regant.

VI.

Intendant cœtus puerorum quisq; regenti,
Ipſius ad tactum ſeq; canendo gerat.
Attenteq; bonos caueat confundere cantus,
Offendens aures naſcitur unde ſonus.
Eius conuictus cauſam præbere uel anſam,
Errati pœnas pro ratione dabit.

VII.

Inſuauem reddit quia feſtinatio cantum,
Aſſeruent tactus pro ratione modum.
Nec ſimul in platea duo cœtus ædibus unis
Diuerſis, ſtolida cantica uoce canant.
Ad duo diſiunctim ſic oſtia quando canuntur
Cantica bina ſimul, neutra placere queunt.
Ergo duos ſi fit pariter concurrere cœtus,
Coniungant unas ſe ſimul ante fores.
Coniunctimq; canant, confuſio diſſona poſſit
Hoc ut uitari conueniente modo.

VIII.

Prætereant etiam canitur quibus oſtia nulla,
Contempſiſſe ſtipis ne uideantur opem.

IX.

Conuiuas ſponſi cantu exhilarare rogati,
Geſtibus abſtineant turpibus atq; iocis.

Non

Non obscœna canant, non impia cantica, iußi
Cedant, non onerent ebrietate caput.

X.

Vt sint in promptu præstantia cantica curent,
Quæq; cani poßint ciuibus ante fores.

XI.

Aeris inæqualis ne sit diuisio parti,
Præceptor præsens, hæc ubi fiet, erit.

XII.

Quisq; suam partem benè collocet, inq; tabernis
Non malè consumat perditionis amans.
Ne ciues ægrè perdi sua dona ferentes,
Vlterius solitam ferre grauentur opem.
Hanc legem turpi quisquis uiolauerit ausu,
Ille luet pœnas pro leuitate graues.
Si uice peccarit post interualla secunda,
E numero cœtus eijciemus eum.
Non uolumus nebulo nocuus sit ut omnibus unus,
Infamis totum dedecoretq; gregem.

XIII.

Pectoris ingrati ne poßit labe notari,
Se præstet gratum ciuibus ipse puer.
Pro quorum semper fundat pia uota salute,
Et quod heri mandant officiosus agat.
In templis solitis cantus iuuet omnibus, orat
Hanc cuiusq; scholæ cum moderator opem.

RATIO

# RATIO DOCENDI, vel ordo studiorum.

PRima sacræ nostros pueros elementa docemus
Doctrinæ in nostra sedulitate schola.
Tractamus primas illisq; fideliter artes,
Autores unà prælegimusq; bonos.
Vnde uenit sermo, grauiumq; scientia rerum,
Efficiunt doctos quæ duo iuncta uiros.
Addimus autores Græcos Tyronibus aptos,
Ac explanamus conuenienter eos.
Rectius ut Græcam linguam pariterq; latinam
A teneris annis discere quisq; queat.
Ad captum nostri gregis est aptata docendi
Artes in nostra forma modusue schola.
Inculcamus enim præcepta in qualibet arte
Singula dicendi simplicitate breui.
Ac declaramus cum conuenientibus illa
Exemplis, usum quæ simul artis habent.
Discipulos etiam nostros præcepta iubemus
Discere, & exemplis reddere clara suis.
Insuper exigimus rursum quæ lecta fuerunt,
Hoc horæ fieri parte priore solet.
Tradimus autores sic, exponamus ut illos
Ad uerbum, noster primus is estq; labor.
Dictamus breuibus uerbis quoq; postea summam,
Dictaq; colligimus, quæ bona textus habet.
Hæc quia de rebus multis hortantur honestis,
Ad pueri mores expediuntq; bonos.

Grammaticæ

Grammaticæ excutimus præcepta, fuere monemus
Dicta figurato quæ proprioue modo.
Dicendi electas dictamus deniq; formas,
Ac ediscendas iungimus hasce phrases.
Monstramus quidnam metricus, quid sermo solutus
Approbet, & contra non quid uterq; probet.
Vtq; semel dicam, quæ sint imitanda monemus,
In quouis & quæ non imitanda libro.
Grammatici est uirtus quædam nescire docentis,
Omnia non uno suntq; docenda loco.
Non igitur pueros multis oneramus, ad ipsam
Quæ modo rem faciunt excipienda damus.
Ac exercitium scribendi urgere solemus,
Officij memores qualibet hebdomada.
Materiam scripti dictamus namq; soluti,
Argumenta simul carminis atq; damus.
Ac emendamus scriptum cuiusq;, notantes
Regula Grammaticæ si uiolata fuit.
Vt uitent dictum durè insolitéq;, monemus,
Ac id qua fieri commoditate decet.
Interdum quædam quia dissimulare solemus,
Ne studium ex odio deserat omne puer.
Multi desperant execranturq; labores,
Deleri in scriptis omnia quando uident.
Bis quoq; discipulos examen quolibet anno
Nostros, cum menses sex abiere, probat:
Vt benè progressus per id explorentur eorum,
Iuxta quos dignè promoueamus eos.

FOR-

ſapientiæ & uirtutis, ut noſtra ſtudia & actiones gubernet, noſq; omnes faciat uaſa miſericordiæ, & organa ſalutaria nobis & Eccleſiæ. Datæ in Cœnobio Auguſtiniano. 17. Nouemb: Anno Saluatoris 1551.

M. Antonius Mokerus.

## STVDIOSIS GRÆCÆ ET LATINÆ LINGVÆ IN Academia Erphordiana.

S. D.

ARTIBVS utilibus reliquis adiuncta, iuuentæ
Lectio Virgilij ſimul & ſapientis Homeri
Vtilis eſt. Siquidem uerborum ſplendet uterq;
Luminibus uates, lectis phraſibusq; coruſcat.
Ac ut Mæonides Dialectos continet omnes
In lingua Græca: Maro ſic eſt altera linguæ
Gloria Romanæ, quam cum Cicerone diſerto
Auxit & ornauit. ſed & idem dictus uterq;
Eſt uates prægnans uariarum pondere rerum,
Floſculus ut gramen: ſic has ſententia pingit.
Exemplis pulcris, per quæ moneamur, abundat.
Plus hæc ipſa mouent ferientia pectus & aures,
Quàm uel Ariſtotelis libri uel ſcripta Platonis.
Diſſeritur multis ambagibus in quibus, unà
Quod uelut in tabula ſpectandum ponit uterq;
Hic uates. Certis perſonis namq; ſub ipſis,
Efficienda iubet, uetat effugienda, decorum

In

In statibus uitæ delineat, omnia uiuis
Depingit, quæ sunt uitiosa, coloribus, aptè
Argumenta locos benè declarantia præstat.
Ordinis ostendit seriem, rectéq; locari
Monstrat ut in partes oratio debeat omnis.
Nam præceptorum dicendi continet usum,
Schemata pulchra, tropos illustres uersibus addit,
Dat documenta suis monitis formantia mores,
Naturæ rerum tectæ mysteria tractat,
Describit uarias regiones, flumina, montes,
Templa, domos, arces, personas, oppida, portus,
Annos, annorum partes, partesq; dierum
Et noctis, positus, motus, & syderis ortus.
Hæc ex Virgilio simul & studiosus Homero
Emolumenta capit, si discit & audit utrunq;,
Ad quod non ipsi deerit occasio præsens.
Nam solitis horis pergam narrare Maronem,
Incipiamq; librum bis sextum Aeneidos, ordo
Ad quem nos duxit, sed in ipso tertium Homero
Ordiar Iliados librum, quò uenimus usq;.
Qui sapit, ille suum non ponat in ocia tempus,
Sed iuuenis discat, factus maturior annis
Vt multis possit solidæ decerpere messem
Doctrinæ, sciolo paleas non grana legente.

In Cœnob. August. 26. Octobris. Anno 1583.
Ant. M. in Acad. Erphord.
V. L. pub. professor.

ERPHORDIAE
Ioannes Pistorius excudebat.

# Beigaben

*(Antonius Mokerus)*
*studiosis Graecae et Latinae linguae*
*in Academia Erphordiana.*
*S(alutem) D(icit)*
**(1583)**

Artibus utilibus reliquis adiuncta, iuventae 1
Lectio Virgilii simul et sapientis Homeri
Utilis est. Siquidem verborum splendet uterque
Luminibus vates, lectis phrasibusque coruscat.
Ac ut Maeonides Dialectos continet omnes
In lingua Graeca: Maro sic est altera linguae
Gloria Romanae, quam cum Cicerone diserto
Auxit et ornavit. sed et idem dictus uterque
Est vates praegnans variarum pondere rerum,
Flosculus ut gramen: sic has sententia pingit.
Exemplis pulcris, per quae moneamur, abundat.

Plus haec ipsa movent ferientia pectus et aures, 12
Quam vel Aristotelis libri vel scripta Platonis.
Disseritur multis ambagibus in quibus, una
Quod velut in tabula spectandum ponit uterque
Hic vates. Certis personis namque sub ipsis,
Efficienda iubet, vetat effugienda, decorum
In statibus vitae delineat, omnia vivis
Depingit, quae sunt vitiosa, coloribus, apte
Argumenta locos bene declarantia praestat.
Ordinis ostendit seriem, recteque locari
Monstrat ut in partes oratio debeat omnis.

Nam praeceptorum dicendi continet usum 23
Schemata pulchra, tropos illustres versibus addit,
Dat documenta suis monitis formantia mores,

## Anton Moker
## sagt den Studenten der griechischen und lateinischen Sprache an der Erfurter Akademie einen Gruß
## (1583)

Den anderen nützlichen Künsten beigefügt, ist das Lesen von Vergil und dem weisen Homer für die Jugend nützlich. Es strahlen nämlich beide Dichter mit dem Licht der Worte und ihre erlesenen Phrasen leuchten. Und so wie der Maeonide (Homer) alle Dialekte in der griechischen Sprache enthält, so ist Maro (Vergil) der Ruhm der anderen Sprache, der römischen, die er zusammen mit dem beredten Cicero vergrößert und geschmückt hat. Aber auch jeder von ihnen wird ein Dichter genannt, schwanger mit dem Gewicht verschiedener Dinge. Wie ein Blümlein im Gras, so bemalt er sie mit einem Satz. Sie sind reich an schönen Beispielen, durch die wir belehrt werden.

Diese bewegen die Brust und die Ohren mehr als die Bücher des Aristoteles oder die Schriften Platons. In denen wird vieles mit Umwegen erörtert, während beide Seher es wie auf einem Gemälde zur Schau stellen. Bestimmten Personen unter ihnen befiehlt jeder von beiden, was zu tun ist, verbietet, was zu vermeiden ist, umreißt, was in den Bedingungen des Lebens angemessen ist, stellt alles, was lasterhaft ist, mit lebhaften Farben dar und bietet treffende Argumente, welche die Stellen klar erklären. Er zeigt die Reihenfolge der Dinge und lehrt, wie eine Rede richtig in ihre Teile gegliedert werden soll.

Jeder von beiden enthält nämlich die Anwendung der Redekunst, fügt schöne Figuren und bedeutende Tropen hinzu, gibt Belehrungen, welche die Sitten formen, behandelt die

Naturae rerum tectae mysteria tractat,
Describit varias regiones, flumina, montes,
Templa, domos, arces, personas, oppida, portus,
Annos, annorum partes, partesque dierum
Et noctis, positus, motus, et syderis ortus.

Haec ex Virgilio simul et studiosus Homero 31
Emolumenta capit, si discit et audit utrunque,
Ad quod non ipsi deerit occasio praesens.

Nam solitis horis pergam narrare Maronem, 34
Incipiamque librum bis sextum Aeneïdos, ordo
Ad quem nos duxit, sed in ipso tertium Homero
Ordiar Iliados librum, quo venimus usque.

Qui sapit, ille suum non ponat in ocia tempus, 38
Sed iuvenis discat, factus maturior annis
Ut multis, possit solidae decerpere messem
Doctrinae, sciolo paleas non grana legente.

In Coenob. August.
26. Octobris. Anno 1583.
Ant. M. in Acad. Erphord.
U(triusque) L(inguae)
pub(licus) professor.

verborgenen Geheimnisse der Natur der Dinge, beschreibt verschiedene Regionen, Flüsse, Berge, Tempel, Häuser, Burgen, Personen, Städte, Häfen, Jahre, Teile der Jahre und der Tage und Nächte, Orte, Bewegungen und den Aufgang der Sterne.

Diese Vorteile zieht ein Eifriger sowohl aus Vergil als auch aus Homer, wenn er beide lernt und ihnen zuhört, wozu ihm jetzt die Gelegenheit nicht fehlen wird.

Zu den gewohnten Stunden werde ich nämlich fortfahren, Vergil zu erzählen, und werde das zwölfte Buch der *Aeneïs* beginnen, zu dem uns die Reihenfolge geführt hat. Aber im gleichen Zug werde ich mit dem dritten Buch der *Ilias* von Homer beginnen, bei dem wir angekommen sind.

Wer klug ist, sollte seine Zeit nicht in Müßiggang verschwenden, sondern als Jugendlicher lernen, damit er, wenn er älter wird, die reiche Ernte einer soliden Bildung einfahren kann, während der Unwissende nur Spreu und nicht das Korn sammelt.

Im Augustinerkloster,
26. Oktober 1583.
Anton Moker, in der Erfurter Akademie
für beide Sprachen (Griechisch und Latein)
öffentlich bestellter Professor.

## *(Anthonius Mœkerus:) Bellum scholasticum ad eximiae indolis ac summae spei pueros Ioannem, Bertramum, Ludolphum, Zachariam, Iodocum et Christophorum Kniphofios, iucundissimos filiolos gravissimi et prudentissimi viri Ioannis Kniphofii D(omini) Consularis urbis Hyldesheim* (1564)

Annos ante decem magno discrimine passim 1
Praelia Saxonicis Germania gessit in oris,
Plurima funestam coeperunt oppida cladem
Innumerique duces alto de sanguine nati
Amisere suam per tristia vulnera vitam.

Sic et adhuc hodie truculenter bella moventur. 6
Thurca pharetratus sua praeparat arma cruenti
Conflictus contra Christi pia membra potentis.
Instituunt rigidi certamina fervida Moschi.
Instruit ancipites belli Livonia pugnas,
Cantaber occiduo dispargit in orbe tumultus
Bellorum varios, vexant quoque bella Britannos.

Omnia quae proprie castrensia praelia dicunt, 13
Quorum mente diu funesta pericula volvens,
Militibus crebro quae sunt subeunda prophanis,
Incidit in dubiam mihi turba scholastica mentem,
Expositam vidi quam multis esse periclis
Aeque, militiae sequitur quia castra togatae.
Quae non cum ferro truculentos enecat hostes,
Sed quae robusta calami virtute nitescit.
Quae non de ferro rutilantibus utitur armis
Nec pulchre solido phaleratis aere caballis,
Quae sed habet libros, quibus est tutissima semper
Contra colluviem scelerum foveamque latronum.

## Anton Moker: Schulischer Krieg für die herausragend begabten und hoffnungsvollen Knaben Johann, Bertram, Ludolph, Zacharias, Jodocus und Christoph Kniphof, die sehr liebenswerten Söhne des sehr bedeutenden und sehr klugen Mannes Johannes Kniphof, des Herrn Bürgermeisters der Stadt Hildesheim (1564)

Vor zehn Jahren führte Deutschland überall in großer Gefahr Kämpfe an den sächsischen Küsten. Viele Städte erlitten ein schreckliches Unglück und unzählige Anführer von hohem Geblüt verloren ihr Leben durch schmerzliche Wunden.

Auch heute noch werden grausam Kriege geführt. Der mit einem Köcher bewaffnete Türke bereitet seine blutigen Waffen für den blutigen Streit gegen die frommen Glieder des mächtigen Christus vor. Die starren Moskowiter bereiten hitzige Kämpfe vor. Livland organisiert unsichere Schlachten des Krieges, der Kantabrer verbreitet Aufruhr im westlichen Teil der Welt und auch Britannien wird von Kriegen geplagt.

Alle diese Kämpfe nennt man recht eigentlich Kriegsgefechte, deren gefährliche Risiken, welche die Soldaten oft ertragen müssen, lange im Geist widerhallen. Der schulische Haufe ließ mich zweifeln: Ich sah nämlich, dass er ebenso vielen Gefahren ausgesetzt ist, denn er folgt den Lagern der Toga tragenden zivilen Kämpfer. Diese tötet ihre Gegner nicht mit Waffen, sondern glänzt mit der Stärke des Geistes. Sie benutzt keine strahlenden Waffen aus Eisen und keine prächtigen Pferde, geschmückt mit festem Erz, sondern sie hat Bücher, mit denen sie immer sicher gegen die Ansammlung von Verbrechen und die Grube der Räuber bestens gesichert ist.

Hoc fortasse potest mirum falsumque videri
Nonnullis, qui nos reputant non esse periclis
Expositos ullis, sed vivere pace sub alma,
Qui clamant calamum nos non urgere tenellum
Et nobis teneros dare non fera vulnera libros.
Verba sed ut dictis ita sint mea congrua rebus
Nec videar fictis mendacia dicere verbis,
Horrida militiae describere bella togatae
Fert animus, faciles igitur mihi praebeat aures,
Hanc quae militiam sequitur, studiosa iuventus.

Tristibus in bellis conscribi nomina mos est.
Colligitur rutilus rutilis exercitus armis.
Quod cum fit, geminis pulsantur tympana palmis
Ac bellatores ad bella cruenta vocantur
Vocibus, exprimitur clare quibus inclytus heros
Ac belli praeses, quibus et stipendia praeco
Militibus clamat, quae sint numeranda, prophanis.

Sic mos est pueros ad castra scholastica duci,
Gregorii quando celebrantur festa quotannis.
Dulcisono cantu pueros ad castra scholarum,
Ut studeant artes et ament pia dogmata, ducunt.
Imberbes igitur pueri qui limina tangunt
Palladis Aoniae vel qui primordia gustant
Primaque Grammaticae discunt elementa Latinae,
Hi sunt tyrones, qui praeceptoribus omnes
Ceu belli ducibus sua propria nomina dantes
Bellaces clamant se strenuitate futuros,
Se fore promittunt fortes, nec castra Minervae
Musarumque choros se velle relinquere iurant.

Dies mag einigen merkwürdig und falsch erscheinen, die glauben, dass wir keinen Gefahren ausgesetzt sind, sondern in friedlicher Ruhe leben, und die behaupten, wir würden nur sanft den Federkiel führen und uns zarten Büchern widmen, die keine Wunden zufügen. Aber damit meine Worte den Dingen entsprechen, und ich nicht den Anschein erwecke, ich spräche mit erfundenen Worten Lügen spreche, neigt mein Geist neigt dazu, die harten Kriege der Toga-tragenden Kämpfer zu beschreiben; also lasst die fleißige Jugend, die diesem Kriegsdienst folgt, mir aufmerksame Ohren leihen.

In traurigen Kriegen ist es üblich, die Namen (der Rekruten) einzuschreiben. Es wird ein rotes Heer mit roten Waffen versammelt. Wenn dies geschieht, schlägt man die Trommeln mit beiden Händen und die Krieger werden mit Stimmen, die den berühmten Helden und Kriegsführer klar verkünden, zu den blutigen Kämpfen gerufen. Der Herold ruft ihnen die Besoldung zu, die den Soldaten gezahlt werden soll.

So ist es auch Brauch, dass die Knaben zu den schulischen Lagern geführt werden, wenn alljährlich die Feste des Gregor (s. o. S. 10) gefeiert werden. Mit süßem Gesang werden die Knaben zu den Lagern der Schulen geführt, damit sie die Künste lernen und die frommen Lehren lieben. Die unbehaarten Knaben, welche die Schwellen des aonischen Pallas (Minerva) betreten oder die ersten Anfänge der Grammatik des Lateinischen kosten, sind die Neulinge, die allen Lehrern jeweils eigene Namen geben, wie Krieger ihren Anführern, und angeben, tapfer sein zu wollen. Sie versprechen, stark zu sein, und schwören, die Lager der Minerva und die Chöre der Musen nicht zu verlassen.

Hoc est se vigiles promittunt esse futuros 54
In studiis, ut se praeclaris artibus ornent
Et decus existant patriae. Nam sicut in omni
Est bello finis, rigidus superetur ut hostis
Regnaque magnificis addantur splendida regnis
Ac aquiratur per bella potentia maior,
Sic etiam pueri studiorum castra sequuntur,
Ut nanciscantur finem praeconia laudum,
Urbibus ut praesint populos studiisque gubernent.
Hanc ita promittunt pueri pertingere metam
Sese velle, manum fidei pro pignore dantes.

Niliacis igitur mandantur nomina chartis 65
Ac ad Cecropiae ducuntur bella Minervae.
Hostes pestiferi, contra quos arma moventur,
Sunt vitia, assidue quae cum virtutibus aequis,
Officiis rectis studiisque salubribus atrox
Committunt bellum, quod turba scholastica pugnax
Hostibus indixit virtute carentibus omni.
Est equidem vehemens et formidabile bellum,
Ad quod colluvies vitiorum confluit omnis.
Ut sunt Ambitio, ventosa Superbia, Luxus,
Tabificus Livor, Nugae, Periuria, Caedes,
Otia, Bilis, item Furor, Impacientia, Rixae,
Impietas, Odium, Timor et Discordia demens,
Tristis Avaritiae rabies, Mendatia, Furtum,
Occultae Fraudes, Ignavia, foeda Libido,
Turpis et Ebrietas, quae plurima crimina gignit,
Contra quae vehemens se turba scholastica bellum
Gesturam semper pia per sua vota recepit.

Occumbunt iuvenes hoc in certamine multi, 84
Qui licet Herculeo reliquos quasi robore vincant,
Attamen interdum vitae spiramina solvunt,
Hostis ab infesti violenta cuspide fixi.
Noxia sunt adeo vitiorum castra malorum,
Inter quae fluxum pigra fert Ignavia signum,

Das bedeutet, sie versprechen, in den Studien wachsam zu sein, um sich mit den edlen Künsten zu schmücken und zum Ruhm ihres Vaterlands zu werden. So nämlich, wie in jedem Krieg das Ziel ist, den unbeugsamen Feind zu besiegen und prächtige Reiche zu erobern, um durch Kriege größere Macht zu gewinnen, so folgen auch die Knaben den Lagern der Studien, um das Ziel des Lobes zu erreichen, um über die Städte zu herrschen und das Volk und die Studien zu lenken. Dies versprechen die Knaben zu erreichen, indem sie ihre Hand zum Pfand der Treue geben.

Ihre Namen werden also auf nilotische (ägyptische) Blätter (Papyri, hier: Papier) eingeschrieben und sie werden zu den Kämpfen der kekropischen (attischen) Minerva geführt. Die pestbringenden Feinde, gegen die sie die Waffen erheben, sind die Laster, die unaufhörlich mit den Tugenden, den rechten Pflichten und den gesunden Studien einen erbitterten Kampf führen, den die kämpfende Schülerschaft den Feinden, die aller Tugend entbehren, erklärt hat. Es ist in der Tat ein heftiger und furchtbarer Krieg, zu dem alle Scharen der Laster zusammenströmen. Da sind Ehrgeiz, aufgeblasene Überheblichkeit, Luxus, zerstörerischer Neid, Albernheit, Meineid, Mord, Müßiggang, Zorn, ebenso Wahnsinn, Ungeduld, Streit, Unfrommheit, Hass, Furcht, wahnsinnige Zwietracht, die traurige Tollheit der Gier, Lügen, Diebstahl, geheime Betrügereien, Feigheit, schändliche Lust und schmutzige Trunkenheit, die viele Verbrechen hervorbringt, gegen welche die fromme Schülerschar immer bereit ist, mit ihren frommen Gebeten zu kämpfen.

Viele Jugendliche fallen in diesem Kampf, die, obwohl sie die anderen mit fast herkulischen Kräften übertreffen, dennoch manchmal den Lebensatem verlieren, von der gewalttätigen Lanze des erbitterten Feindes getroffen. So schädlich sind die Lager der bösen Laster, unter denen die träge Feigheit das Feldzeichen führt, die von den übrigen Feinden mit star-

Hostibus ex reliquis odio vehementius ardens,
Ac inimica nimis vigili summoque Labori.
Haec lento turpes scelerum vocat ore catervas
Adiunctasque sibi truculenter in agmina cogit.
Infestus fulget rutilis exercitus armis.
Splendescunt positis tentoria sordida signis.
Lentulus immanis belli capitaneus atrox,
Instituens aciem decies legionibus octo,
Militibus rabidis dat atrocia symbola belli.
Tessera pernicies datur insanabilis, omni
Tempore fert summum qua turma scholastica damnum,
Ni caute validos scutis excoeperit ictus,
Tela repercutiens armis radiantia certis.

In certas classes, quos est praeceptor adeptus, 102
Distribuit pueros et eis sedilia donat.
Ordinat in certos cuneos velociter omnes.
Ordine sub primo pueri sunt ergo periti.
Hi didicere bonas etenim mediocriter artes,
Inque acie prima tuto consistere possunt.
Posterior classis tyrones continet omnes,
Hi siquidem primum sua nomina flectere discunt.

Ordine compositis legionibus ergo tubarum 109
Horribili sonitu Mavortia classica rumpunt
Attonitas aures, signum datur illico belli.
Ancipiti pugna bellum committitur atrox.
Ignea sublimes mittuntur tela per auras
Foedaque multorum figuntur viscera ferro.
Hic rapit Ebrietas iuvenem furibunda procacem
Atque manus manibus iungit pugnamque lacessit.
Prosternit morbis corpus lacrimabile saevis,
Eius et incautam corrumpit denique mentem.
Sicut enim chordas liquor humectando resolvit,
Ut non delectent resonis concentibus aures,
Ebrietas etiam sic tabida membra resolvit,
Amplius ut nequeant perfecto munere fungi.

kem Hass erfüllt ist und dem wachen und höchsten Fleiß allzu feindlich gegenübersteht. Mit langsamer und schändlicher Zunge ruft sie die Truppen der Laster und treibt sie grimmig zu ihren Horden. Ein feindliches Heer funkelt in rötlichen Waffen. Die Zelte sind mit schmutzigen Zeichen geschmückt. Ein wilder und schrecklicher Anführer, der ungeheure Lentulus (»der Langsame«), stellt das Heer in zehn Abteilungen auf und gibt den wilden Soldaten grausame Kriegssymbole. Das Zeichen des unheilbaren Untergangs wird ausgegeben, wodurch die Schülerschar immer den größten Schaden erleidet, es sei denn, sie wehrt die starken Schläge mit Schilden ab und stößt die glänzenden Geschosse mit den sicheren Waffen zurück.

Der Lehrer teilt die Knaben in bestimmte Klassen auf und gibt ihnen Sitze. Er ordnet alle schnell in bestimmte Gruppen. In der ersten Ordnung sind die erfahrenen Knaben. Diese haben die edlen Künste einigermaßen gut gelernt und können sicher in der ersten Schlachtreihe stehen. Die hintere Klasse enthält alle Neulinge, die nämlich gerade erst lernen, ihre Namen zu deklinieren.

Die Legionen sind also geordnet und mit dem schrecklichen Klang der Kriegstrompeten des Mavortius (Mars) lassen die staunenden Ohren erschüttern, und sofort wird das Schlachtensignal gegeben. In einer unsicheren Schlacht beginnt ein heftiger Krieg. Feurige Pfeile werden in die Lüfte geschleudert und viele Eingeweide werden durch schändliche Geschosse durchbohrt. Hier packt die wütende Trunkenheit einen übermütigen Jugendlichen und verbindet Hände mit Händen, um ihn in den Kampf zu treiben. Sie stürzt seinen Körper in schwere Krankheiten und zerstört schließlich seinen unvorsichtigen Geist. So nämlich, wie Flüssigkeit die Saiten auflöst, so dass sie keine harmonischen Klänge mehr erzeugen, so löst die zerstörerische Trunkenheit die Glieder auf, so dass sie ihre Aufgabe nicht mehr perfekt erfüllen kön-

Corporis extinguit robustas Crapula vires
Et necat ingenium mollis penetrabile Luxus.
Incautis igitur damnum tyronibus infert
Ebrietas, gladiis et plurima corpora sternit.

Illic corrugat tumefacta Superbia frontem 129
Atque supercilium torquens depellit ab arcu
Armenio tinctum fumanti sulphure telum,
Turgida traiiciens tyronis colla superbi,
De quo spes fuerat doctos concepta per omnes,
Sed quoniam tumido compleverit ilia fastu
Et spem frustrarit, iaculis laceratur acutis.

Est inimica sacris Persuasio frivola Musis, 135
In studiis etenim profectus impedit omnes;
Doctrinae possent ascendere culmina multi
Artibus et pulchris corpus decorare caducum,
Ni persuaderent sibi se fastigia dudum
Ascendisse, bonas didicisseque protinus artes.
Sic igitur tumido tandem Persuasio fastu
E medio tollit tyrones cuspide fixos.
Non inflata diu consistunt pectora fastu,
Exiguo pereunt momento temporis omnes,
Quos cum laethiferis fodit atra Superbia telis.
Sicut bulla tumens, quae mollibus insidet undis,
Uno momento tenues festinat in auras,
Sic etiam, quorum turgescunt pectora fastu,
Intereunt subito monumentaque nulla relinquunt.

Hic vexant pueros Mendatia foeda tenellos 150
Ipsorumque petunt Lyciis praecordia telis.
Cum didicere nihil, subito Mendatia nectunt
Excusantque suum torporem semper inertem
Decipiuntque igitur per frivola verba parentes
Ac praeceptores, sibi rebus in omnibus obsunt,
Quo minus acquirant decus et moderamina rerum.
Ergo manent asini sub se nihil artis habentes.

nen. Die Trunkenheit schwächt die starken Kräfte des Körpers und tötet den feinen Verstand durch weichen Luxus. Die Trunkenheit bringt den unvorsichtigen Neulingen Schaden und stürzt viele Körper mit ihren Schwertern.

Dort zieht die geschwollene Überheblichkeit die Stirn zusammen und verdreht die Augenbraue, während sie einen Pfeil aus dem armenischen Bogen mit rauchendem Schwefel abschießt, der den überheblichen Nacken des stolzen Neulings durchbohrt, von dem alle große Hoffnung hatten, doch weil er seinen Bauch mit aufgeblähter Arroganz füllte und die Hoffnung enttäuschte, wird er von scharfen Pfeilen zerrissen.

Alberne Überredung ist eine Feindin der heiligen Musen, denn sie behindert allen Fortschritt in den Studien; viele könnten die Höhen der Lehre erklimmen und ihren sterblichen Körper mit edlen Künsten schmücken, wenn sie sich nicht selbst einreden würden, dass sie bereits die Gipfel erreicht haben und die guten Künste sofort gelernt haben. So nimmt schließlich die Überredung mit aufgeblähter Arroganz die Neulinge aus der Mitte und durchbohrt sie mit der Spitze. Aufgeblasene Sinne halten nicht lange durch; sie vergehen in einem kurzen Moment, wenn sie von der schwarzen Überheblichkeit mit ihren tödlichen Pfeilen getroffen werden. Wie eine Blase, die auf den weichen Wellen sitzt und in einem Moment in die dünne Luft aufsteigt, so vergehen auch diejenigen, deren Sinne vor Arroganz anschwellen, und hinterlassen keine Denkmäler.

Hier plagen die schändlichen Lügen die zarten Knaben und zielen mit ihren lykischen Pfeilen auf ihre Brusthöhlen. Wenn sie nichts gelernt haben, erfinden sie sofort Lügen und entschuldigen immer ihre faule Trägheit. Sie täuschen daher ihre Eltern durch alberne Worte und auch ihre Lehrer und schaden sich in allen Dingen, so dass sie kein Ansehen und keine Leitungsstellen erlangen. Deshalb bleiben sie Esel, ohne jegliche Kunst. Wenn die Knaben sich weigern zu lernen, was zu

Discere cum pueri quae sunt discenda recusant,
Coguntur fieri pastores atque bubulci.

Hic sed Avaritiae rabies spurcissima stragem 160
Aedit et innumeros transfigit acumine ferri.
Semper inexpletos iuvenes cruciatibus angit,
Ut sua terga fugae dent turpiter inque tabernas
Se mercatorum sistant et semper acervos
Accumulent auri per fasque nefasque tenaces,
Non ut emant igitur libros aurumque reservent.
A studiis animum removent fugiuntque Minervam,
Ac ita dum fugiunt, proprio crudeliter ense,
Quem lapsi manibus tremulis tenuere, necantur.
Arripiunt alii thesauros ergo relictos
Et, quaecunque tenax bona contulit, omnia perdunt.
Sicut oves aliis sua succida vellera portant,
Sic aliis cumulant thesauros semper avari.

Prodiga sulphureum mittit Profusio telum 174
Expellitque procul molles ex osse medullas.
Saepe patrum iuvenes sumptus et parta profundunt,
Quae congesserunt gelidis sudoribus illis,
Amplaque dilapidant nimio patrimonia luxu,
Cumque decebat eos augere subinde libellos,
Perditur assiduo preciosa pecunia luxu.
Sic, ut emant chartas pueri, cum forte iubentur,
Non chartas, sed emunt concoctas melle placentas,
Et condiscipulis rapiunt quandoque libellos,
Hos vendunt et emunt globulos pilasque rotundas.
Quod si noluerint ipsos punire parentes,
Verbera carnificis tandem pacientur atrocis.

Maiores natu trahit immoderata Libido 187
Et circumducit manibus post terga revinctis.
Fune trahit fatuos et verbere pulsat euntes.
Tunc ubi debebant doctos evolvere libros,

lernen ist, sind sie gezwungen, Hirten und Ochsenknechte zu werden.

Hier richtet die schmutzigste Gier große Verwüstungen an und durchbohrt unzählige mit ihrem scharfen Eisen. Immer bedrängt sie die unersättlichen Jugendlichen mit Qualen, so dass sie sich feige in die Tavernen flüchten, ich als Händler aufstellen und immer Mengen von Gold anhäufen, rechtmäßig und unrechtmäßig, ohne jedoch Bücher zu kaufen und das Gold dafür zurückzuhalten. Sie wenden ihren Geist von den Studien ab, fliehen vor Minerva und werden, während sie fliehen, grausam mit dem eigenen Schwert getötet, das sie mit zitternden Händen hielten. Andere reißen dann die hinterlassenen Schätze an sich und verlieren alles Gute, das sie festgehalten haben. Wie Schafe ihre fettreichen Felle anderen geben, so häufen auch die Gierigen immer Schätze für andere an.

Die aufwendige Verschwendung schickt einen Schwefelpfeil und vertreibt das weiche Mark aus den Knochen. Oft vergeuden die Jugendlichen den Besitz und das Vermögen ihrer Väter, die es mit kaltem Schweiß angesammelt haben, und verschwenden die großen Erbschaften in übermäßigem Luxus, während es doch für sie angebracht gewesen wäre, weiterhin Bücher zu kaufen. Kostbares Geld geht durch ständigen Luxus verloren. So kaufen die Knaben, wenn sie aufgefordert werden, Papiere zu kaufen, keine Papiere, sondern mit Honig gefüllte Kuchen; manchmal stehlen sie auch Bücher von ihren Mitschülern, verkaufen diese und erwerben Kügelchen und runde Bälle. Und wenn ihre Eltern sich weigern, sie zu bestrafen, werden sie schließlich die Schläge des grausamen Henkers ertragen müssen.

Ungezügelte Lust zieht die älteren Knaben und führt sie mit hinter den Rücken gefesselten Händen fort. Mit einem Seil zieht sie die Dummen und schlägt sie beim Gehen mit der Peitsche. Dann, wenn sie gelehrte Bücher studieren sollten,

Delitiis inhiant, cupiunt spectare puellas
Atque fovent turpi sermone Libidinis ignes.
Officit Aoniis nimium Venus improba Musis.
Nam Venus et Pallas non una sede morantur.
Idcirco iuvenes monstrosa Libido petulcos,
Ni cauti fuerint, sic in diaphragmate laedit,
Ut quasi ridentes vitae spiramina solvant.

Sit Venus illecebris quamvis blandissima blandis 198
Alliciens iuvenes, tamen est brevis illa voluptas,
Poenaque perpetuis sequitur cruciatibus illam.
Dulce licet mei sit, molli gratumque palato,
Attamen in bilem convertitur illud amaram.
Saepe venena solent sub floribus esse Sabaeis.
Sic quoque sub blanda Veneris dulcedine summus
Est dolor, humanos qui torquet atrociter artus.
Languescit corpus, mentis languescit acumen,
Traditur aetati corpus deforme senili,
Quando libidinibus iuvenilis diffluit aetas.

Prae reliquis vero crudeliter hostibus atrox 209
Segnities furit et iuvenes grassatur in omnes,
Haec quia mortiferis ad se vocat otia telis,
Quae super imponunt et ab arcubus inde retrudunt,
Aera dum findunt, iaculis praecordia figunt
Multis, ut fundant post vulnera dira cruores.
Otia mirifice studiis iuvenilibus obsunt,
Acris et ingenii sensus et robora frangunt.
Laeditur ut solidum picea rubigine ferrum,
Cum iacet et quando nullos adhibetur ad usus,
Laeditur ingenium sic pigra per otia solers,
Cum non quotidie colitur nec plurima discit.
Otia pestiferis scelerum stipata catervis
Cumque soporifero Vecordia pigra veterno
Impetibus currunt in castra scholastica tantis,
Ut multi subeant primo certamine mortem.

verlangen sie nach Freuden, wollen Mädchen sehen und entfachen das Feuer der Lust mit schmutzigen Worten. Die unkeusche Venus stört die aonischen (böotischen) Musen zu sehr, denn Venus und Pallas (Minerva) verweilen nicht an ein und demselben Wohnsitz. Deshalb schädigt die monströse Lust die leichtfertigen Jugendlichen, wenn sie nicht vorsichtig sind, so sehr im Zwerchfell, dass sie wie lachend den Lebensatem aufgeben.

So verführerisch Venus auch mit ihren sanften Reizen die Jugendlichen anlockt, ist sie doch nur eine kurze Freude, und Strafe folgt ihr in ewigen Qualen. So süß Honig für den Gaumen ist, wandelt er sich doch in bitteren Gallensaft. Oft verbergen sich Gifte unter den sabäischen Blumen. So verbirgt sich auch unter der süßen Sanftheit der Venus der höchste Schmerz, der die menschlichen Glieder heftig quält. Der Körper wird schwach, der Verstand träge und der entstellte Körper wird dem hohen Lebensalter überlassen, wenn die Jugendzeit in Begierden zerfließt.

Aber grausamer als alle übrigen Feinde tobt die schreckliche Faulheit und greift alle Jugendlichen an, weil sie zu den tödlichen Pfeilen des Müßiggangs ruft, die sie aufsetzen und von den Bögen schießen, während sie die Luft durchschneiden und die Brusthöhlen vieler durchbohren, so dass sie nach schrecklichen Verwundungen Blut vergießen. Müßiggang schadet den jugendlichen Studien in wundersamer Weise, bricht den scharfen Verstand und die Kräfte. So, wie Eisen durch pechschwarzen Rost zerstört wird, wenn es herumliegt und nicht benutzt wird, so wird der schlaue Geist durch träge Untätigkeit verletzt, wenn er nicht täglich gepflegt wird und nicht sehr viel lernt. Müßiggang, angehäuft mit verheerenden Scharen von Lastern, und träge Torheit mit schläfrigem Leichtsinn dringen in die schulischen Lager mit solchen Angriffen ein, dass viele schon in der ersten Schlacht den Tod erleiden.

Bina nimis longus diffindit tempora Somnus, 225
Ut via cum cerebro maculetur tota fluenti,
Sulphureasque faces in turgida lumina spargit,
Ingeniis quantum nimius sopor obsit acutis,
Non satis a quoquam poterit per carmina scribi.
Mens hebetatur enim, corpus languore gravatur,
Humoresque mali complent velociter artus,
Hinc infiniti veniunt in corpora morbi,
Sufficit et pueris septem carpsisse per horas
Somnum; quod super est, id obest et supprimit artus.
Hic erit artis opus consistere posse nec hostis
In laqueos ruere et mucronis acumine figi.

Abstrahit a studiis puerorum pectora Ludus 237
Includitque iugo petulantia colla feroci,
Ipsorum tundit vitioso terga flagello.
Interdum pueri paulisper ludere possunt,
Sed tamen esse modum ludendi semper oportet.
Propterea ludant, animus recreetur ut aeger,
Non sed lucra parent, alias mala multa sequuntur,
Iurgia, vesanae fraudes caedesque sequuntur.
Crescit amor Ludi, quantum victoria crescit.

Aedit at Impietas horrendam denique stragem 246
Ac ita tyrones nimium nimiumque prophanos,
Qui Iovis Aegiochi praecepta salubria spernunt
Ac praeceptori tetrico parere recusant,
Corripit et raptos contundit atrocibus armis
Et quasi pistillo contusos conterit artus,
Ut non ulla quidem de corpore membra supersint.

Idolatriae furor ardentissimus astat, 253
Ex pharetrisque suis sua tela Typhoea sumit,
Mittit et in faciem puerorum cominus illa,
Abstrahit a vera quoque relligione tenellos

Übermäßig langer Schlaf teilt die Zeit zu sehr auf, so dass der Weg vom fließenden Gehirn befleckt wird, und er wirft schwefelhaltige Fackeln in die geschwollenen Augen, und übermäßiger Schlaf schadet dem scharfen Verstand so sehr, dass dies in Liedern nicht ausreichend beschrieben werden könnte. Der Geist wird stumpf, der Körper schwer von Trägheit, böse Säfte füllen schnell die Glieder, von dort kommen unzählige Krankheiten in den Körper. Für Knaben ist es genug, sieben Stunden Schlaf zu haben; was darüber hinausgeht, schadet und schwächt die Glieder. Hier ist es eine Kunst, aufrecht zu bleiben, nicht in die Fallen des Feindes zu tappen und von der Spitze des Schwertes durchbohrt zu werden.

Das Spiel zieht die Sinne der Knaben von den Studien ab, legt ihren frechen Nacken ein grausames Joch an und peitscht ihre Rücken mit einer schädlichen Rute. Manchmal können Knaben für eine Weile spielen, aber es muss immer eine Grenze für das Spielen geben. Deshalb sollen sie spielen, damit ihr kranker Geist sich erholt, aber nicht, um Gewinn zu erzielen, sonst folgen viele Übel, Streit, wütende Betrügereien und Morde. Die Liebe zum Spiel wächst, wie der Sieg wächst.

Aber Unfrommheit richtet schließlich schreckliche Verwüstungen an und zerstört die allzu frechen Neulinge, welche die heilsamen Gebote des die Aegis (sein Schild) tragenden Jupiter verachten und sich weigern, den strengen Lehrern zu gehorchen. Sie ergreift sie und zermalmt ihre Glieder mit grausamen Waffen und zerquetscht ihre Knochen wie mit einem Mörser, so dass kein einziges Glied ihres Körpers übrigbleibt.

Der brennendste Wahnsinn des Götzendienstes tritt auf, er nimmt seine dem (Riesen) Typhus angemessenen Pfeile aus dem Köcher, schießt sie in die Gesichter der Knaben aus der Nähe, zieht die zarten Knaben ständig von der wahren

Assidue pueros nec eos sinit ore precari
Corde preces sanctas meditante fideliter imo.
Iuramenta vomunt prae bile per ora cruorem
Inficiuntque malis puerorum corda venenis,
Ut subito iurent, maledicant, scommata spargant
Insidiasque struant aliis et castra sequantur
Noxia latronum, quae sunt discrimine plena.
Sicut enim niveos maculat pix nigra lacertos,
Sic mala corrumpunt pueros consortia parvos,
Seducunt illos, scelus et mulctabile patrant.
Carnifici iugulum sic sunt praebere coacti
Innumeri iuvenes seducti faece malorum.

Impietas geminat validos crudeliter ictus, 269
Auget et hostiles incursus ore frementi,
Cogit adire nefas et detestabile crimen.
Unde suam tandem coguntur fundere vitam
Incauti pueri, qui crimina foeda patrarunt.
Perpetuo pereunt animus corpusque caducum
His, quibus Impietas inflixit vulnera turpis.

Omnibus his igitur vitiis contrarius armis 276
Cogitur esse suis feritate scholasticus ordo.
Arma, quibus rigidos propellere possumus hostes
Semper et hostiles pugnas evadere tuti,
Plurima sunt. Calamus siquidem vice fungitur ensis,
Quem si saepe manu cum strenuitate geramus
Adversus nostros rigidos crudeliter hostes,
Segnities facili per eum ratione premetur.
Sed leve praesidium quamvis videatur idipsum:
Attamen est nullum melius, quo figitur hostis,
Hostis, qui volvit nostram proscindere famam.

Hoc etiam possunt convitia saeva repelli, 287
Hocque retorqueri turpissima scommata possunt,
Hoc repulit morsus obtrectatoris Homerus,

Religion ab und hindert sie daran, mit dem Mund zu beten, während das Herz in Treue im Inneren heilige Gebete denkt. Sie spucken Eide und Blut durch den Mund, weil sie Galle haben, und infizieren die Herzen der Jungen mit bösen Giften, so dass sie plötzlich schwören, fluchen, Sticheleien verbreiten, Verrat gegen andere planen und den schädlichen Lagern der Räuber folgen, die voller Gefahren sind. So nämlich, wie schwarzes Pech die weißen Arme befleckt, so verderben auch schlechte Gesellschaften die kleinen Knaben, sie verführen sie, begehen Verbrechen, die bestraft werden sollten. Unzählige verführte Jugendliche sind gezwungen, ihren Hals dem Henker zu bieten.

Unfrommheit verdoppelt grausam die mächtigen Schläge und verstärkt die feindlichen Angriffe mit brüllendem Mund, zwingt zur Schandtat und abscheulichem Verbrechen. Schließlich werden die unvorsichtigen Knaben gezwungen, ihr Leben zu verlieren, die schändliche Verbrechen begangen haben. Für immer gehen zugrunde Körper und Seele, welche die Unfrommheit mit schändlichen Wunden getroffen hat.

All diesen Lastern mit Schärfe entgegenzutreten ist daher die schulische Ordnung mit ihren eigenen Waffen gezwungen. Es gibt sehr viele Waffen, mit denen wir stets starre Feinde abwehren und feindlichen Kämpfen sicher ausweichen können. In der Tat dient die Feder als Schwert, das, wenn wir es oft mit Kraft gegen unsere grausamen und starren Feinde führen, die Faulheit leicht unterdrücken wird. Aber auch wenn dieser Schutz an sich leicht erscheinen mag: Es gibt keinen besseren, durch den der Feind niedergeschlagen wird, der unseren Ruf zu zerstören sucht.

Mit ihm können scharfe Beleidigungen zurückgeschlagen werden und mit ihm können die schmutzigsten Schmähungen zurückgewiesen werden. Mit ihm hat Homer die Bisse

Hoc Augustinus crudeles perdidit hostes
Haereticos, quorum mentes Vesania coepit,
Hoc et adhuc hodie convitia saepe per hostes
Falsa repelluntur; non est exempla quod addam.
Haec etenim nobis occasio temporis offert.

Hic calamus quando manibus cum fraude per hostes
Excussus fuerit vel eum si turpiter a se
Terga fugae mandans abiecerit ordo Minervae,
Non erit ulla salus, erit hora miserrima mortis.
Sicut arundineis vaga cerva in vallibus errans
Cincta feris canibus dirum capit undique vulnus,
Vulnera sic etiam capit atra scholasticus ordo
Undique per varios misere circundatus hostes,
Quando carens calamo crudeles excipit ictus
Et sinit arrodi diri se dentibus hostis.

Penna suo nobis defendit acumine vitam,
Incolumem famam pulcherrima penna tuetur,
Laudes penna parit, parit exoptabile nomen
Et terras laudum praeconia spargit in omnes,
Perpetuum gignit decus et monumenta relinquit.
Quanquam corpus enim Stygias descendit ad undas,
Vermibus et nigris corroditur atque voratur,
Haec tamen, ut pectus, laudes et gloria vivant,
Efficit et summos late manifestat honores.
Penna suos hostes perscripta rebellia pungit
Ac in eos iram crudeliter evomit omnem.
Cum leve presidium calamus non ergo sit, omnes
Et nos prae reliquis defendat ab hostibus armis,
Assidue manibus teneatur firmiter, amplis
Ne mala Segnities expellens ictibus illum
Corpora vulneribus contundat inermia multis.

Sicut enim miles sentit discrimina vitae,
Eius si manibus gladios excusserit hostis,

des Neiders abgewehrt, mit ihm hat Augustinus die grausamen Feinde, die ketzerischen Häretiker, besiegt, deren Verstand von Wahnsinn ergriffen wurde. Auch heute noch werden falsche Beleidigungen der Feinde oft zurückgewiesen; ich brauche keine Beispiele anzufügen. Diese Gelegenheit freilich bietet sich uns gerade.

Wenn der Federkiel von den Händen der Feinde betrügerisch herausgerissen oder schändlich von der flüchtenden Schülerschar weggeworfen wird, dann wird es keine Rettung geben: Es wird die Stunde des bitteren Todes sein. Wie ein Hirsch, der, umgeben von wilden Hunden, in den Tälern umherirrt, von allen Seiten verwundet wird, so wird auch die schulische Schar von allen Seiten grausam von verschiedenen Feinden umgeben verwundet, wenn sie ohne Federkiel die grausamen Schläge erleidet und es den schrecklichen Zähnen des Feindes erlaubt, sich in sie hineinzubeißen.

Die Feder verteidigt unser Leben mit ihrer Schärfe, die edle Feder schützt unsere Ehre, sie bringt Lob hervor, sie bringt den begehrten Namen hervor, sie verbreitet das Lob in alle Länder und erzeugt ewigen Ruhm und hinterlässt Denkmäler. Obwohl der Körper in die Fluten des (Totenflusses) Styx hinabsteigt, von schwarzen Würmern zerfressen und verschlungen wird, bleiben die Ehre und der Ruhm, da sie der Brust zugehören, bestehen und erzeugen und offenbaren weithin höchsten Ruhm. Die Feder sticht ihre aufständischen Feinde mit Aufzeichnungen und speit alle ihre Wut grausam gegen sie aus. Da der Federkiel keine leichte Verteidigung ist und er uns mehr als alle anderen Waffen vor den Feinden schützt, sollte er immer fest in den Händen gehalten werden, damit die böse Faulheit ihn nicht mit ihren leichten Schlägen vertreibt und die unbewaffneten Körper mit vielen Wunden schlägt.

Wie nämlich ein Soldat die Lebensgefahr spürt, wenn der Feind ihm das Schwert aus den Händen reißt, so spürt auch

Sic etiam tyro vitae discrimina sentit,
Expulsus fuerit calamus si forte per hostem,
Firmiter et manibus si non teneatur utrisque
Vel si prae nimio motu confregerit illum.
Omne nocet nimium, moderata sed omnia prosunt.
Cum Gortyniacus nimium distenditur arcus,
Frangitur et vires amittit protinus omnes.
Per radios nimios Himmettia caera liquescit.
Mordaci quando prurigine membra gravantur
Ac ea cum tenui moderatius ungue fricentur,
Suaviter afficitur pulsa prurigine corpus.
Unguibus ast quando nimium lacerantur aduncis,
Effluit infoelix facto de vulnere sanguis:
Sic quando semper nimium bona penna movetur
Atque caret requie, vires collapsa remittit.
Sollicitis nimium studiis intendere nervos
Nec seruare modos, est proxima causa furoris.

Qui vero nimium scrutetur Palladis artes,
Ex avibus raris avis est rarissima cunctis.
Caetera quae manibus gerit arma scholasticus ordo,
Sunt atramentum, pennaria theca, papyrus,
Pixis, cultellus, quo concaua penna paratur,
Et tabulae, graphiis graphiaria plena paratis,
Denique librorum gravium preciosa supellex.
Omnibus his galeae teretis vice possumus uti,
Possumus auxiliis horum discrimina vitae
Pellere, figentes gladiis crudeliter hostes,
Possumus auxiliis horum defendere famam,
Dente Theonino quam rodere Zoïlus optat.
Signifer ast nostrae Labor est et cura cohortis,
Improbus assidue siquidem Labor omnia vincit
Atque suo signo tyrones excitat omnes,
Pectora confortans, ne pulsa timoribus arma
Abiiciant, trucis et laqueos labantur in hostis.

der Neuling die Lebensgefahr, wenn ihm der Federkiel durch den Feind entrissen wird, wenn er nicht fest in beiden Händen gehalten wird oder durch übermäßige Bewegung zerbrochen wird. Alles Übermaß schadet, aber das Maßvolle nützt. Wenn der gortynische (kretische) Bogen zu sehr gespannt wird, zerbricht er und verliert sofort alle Kraft. Durch übermäßige Sonnenstrahlen schmilzt das Wachs vom (Berg) Hymettus. Wenn die Glieder durch juckenden Reiz stark belastet sind und sie mit einem sanften Fingernagel maßvoll gekratzt werden, fühlt sich der Körper angenehm, wenn der Juckreiz nachlässt. Wenn sie aber zu sehr mit scharfen Nägeln zerrissen werden, fließt unglücklicherweise Blut aus der Wunde: So lässt auch, wenn die gute Feder immer zu sehr bewegt wird und keine Ruhe findet, ihre Kraft nach. Die Nerven zu sehr anzuspannen durch zu eifriges Studium und keine Grenzen zu setzen, ist die nächste Ursache des Wahnsinns.

Wer aber zu sehr nach den Künsten der Pallas (Minerva) strebt, ist ein sehr seltener Vogel unter den seltenen Vögeln. Die anderen Waffen, die der schulische Orden führt, sind Tinte, Federkielhalter, Papier, eine Dose, ein Messer, mit dem die hohle Feder vorbereitet wird, Tafeln, gefüllt mit vorbereiteten Griffeln, und schließlich die kostbare Sammlung schwerer Bücher. All dies können wir anstelle eines glatten Helms verwenden, wir können mit ihrer Hilfe die Lebensgefahren abwehren, indem wir die Feinde grausam mit Schwertern durchbohren, wir können mit ihrer Hilfe unsere Ehre verteidigen, die Zoïlus mit seinem theonischen Zahn (seiner Verleumdung; vgl. Horaz, *Briefe* I 18,82) benagen möchte. Unser Fahnenträger ist jedoch Fleiß und Sorge, denn unermüdlicher Fleiß besiegt alles und erweckt mit seinem Zeichen alle Neulinge, stärkt ihre Sinne, damit sie die Waffen nicht aus Furcht ablegen und in die Schlingen des grausamen Feindes fallen.

Incitat, ut somnos sternant truculenter inertes. 357
Namque laborando non arma Cupidinis urgent.
Non Venus excrutiat lasciva libidine pectus.
Doctores summi praeceptoresque fideles
Sunt huius belli regesque ducesque togati.
Indicta siquidem rigidi certaminis hora
Incendunt aures per Martia classica pronas,
Semper et hortantur sermone fideliter acri
Et quasi calcari medio in certamine pungunt
Agmina, segnitiem iugulent ut fortiter hostem
Ac ita defendant patriam charosque parentes
Ac ut amicorum tueantur ubique salutem
Et per eos habeat Respublica candida pacem.

Si praeceptores nimium tyronibus obsunt 370
Officioque suo non sic funguntur, ut aequum est,
Saepe dabunt poenas tristes crudeliter olim.
Accidet haud aliud quoque praeceptoribus istis,
Quam quod ab historicis huic evenisse refertur,
Qui disciplinae pueros sub lege Faliscos
Rexerat ac pravis macularat moribus illos,
Ipsos tradiderat scelerata fraude Camillo,
Clara Faliscorum qui moenia cinxerat armis.
Sed praeceptoris deprehensa fraude
Camillus Perfidiae poenas exposcit iure severas.
Nudat enim corpus, palmas post terga revincit
Et ferulas pueris dat, praeceptoris ut artus
Propter perfidiam stringant et verbere cedant.

Ast hic de ducibus belli non plura loquemur, 384
Id non tempus enim neque fert occasio rerum.
Ad pueros igitur rursum veniamus et, illos
Quid proprie deceat semper praestare, canamus.
Quod si tyrones hoc in certamine pugnant
Fortiter et studiis solertibus otia pellunt,
Florebit gravium Respublica plena virorum,
Iura vigent, sanctae retinent sua robora leges,

Er drängt sie, den trägen Schlaf mit Grausamkeit niederzulegen, denn durch die Arbeit bedrücken sie die Waffen Amor nicht. Auch Venus quält das Herz nicht mit lüsterner Begierde. Die größten Gelehrten und treuesten Lehrer sind die Könige und Anführer dieses Krieges, in die Toga gekleidet. In der Tat, zur festgesetzten Stunde des harten Kampfes entflammen sie die Ohren durch die Trompeten des Mars, die nach vorne gerichtet sind, sie ermutigen immer treu mit scharfer Rede und wie mit einem Sporn treiben sie die Truppen mitten in der Schlacht an, damit sie tapfer die Trägheit als Feind abschlachten und so ihr Vaterland und ihre geliebten Eltern verteidigen und damit sie die Sicherheit ihrer Freunde überall schützen. Durch sie möge das schöne Gemeinwesen Frieden haben.

Wenn die Lehrer den Neulingen zu sehr schaden und ihre Pflichten nicht so erfüllen, wie es recht ist, werden sie einst oft grausame Strafen erleiden. Es wird ihnen nichts anderes widerfahren, als das, was jenen Lehrern widerfuhr, welche die Knaben unter dem Gesetz von Falerii unterrichteten, sie aber mit schlechten Sitten verdarben und durch schändlichen Verrat dem Camillus auslieferten, der die berühmten Mauern von Falerii mit Waffen umzingelt hatte. Als aber die Treulosigkeit des Lehrers aufgedeckt ist, fordert Camillus gerechte Strafen für den Verrat. Er entblößt den Körper, bindet die Hände hinter den Rücken und gibt den Knaben Ruten, damit sie den Körper des Lehrers für seinen Verrat schlagen und züchtigen können (s. o. S. 4).

Doch hier wollen wir nicht mehr über die Anführer des Krieges sprechen, denn die Zeit ist nicht dafür geeignet und die Gelegenheit der Dinge erlaubt es nicht. Lasst uns also wieder zu den Knaben kommen und besingen, was sie immer passend leisten sollten. Wenn die Neulinge in diesem Kampf tapfer kämpfen und mit eifrigen Studien die Muße vertreiben, wird das Gemeinwesen, erfüllt von ernsthaften Männern, erblühen, die Rechte werden in Kraft bleiben, die heiligen Ge-

Ardua quando viris regitur Respublica doctis.
Denique tyrones etiam calcaribus urgent
Eximie docti praeceptoresque fideles,
Ut pro coelesti subeant discrimina verbo,
Ne sit mortiferis Ecclesia sordida sectis
Erroresque mali corrumpant dogmata Christi.

Hac in parte salus animae consistit et haeret, 398
Hic decet, hic opus est omnes intendere nervos,
Hic decet esse virum fortem formidine poenae.
Praemia magnanimis tyronibus optima dantur,
Mensibus accipiunt stipendia plurima cunctis.
Sed dare coguntur pigri discrimine poenas.
Non praeceptores illos solummodo plectunt
Cum ferulis, sed eos quoque publica poena trucidat.
Poena nates levis est tenui turgescere virga.
Tristius est plecti capitalibus ilia poenis.
Sed tamen ex reliquis haec est tristissima cunctis:
Aeternis animam semper cruciatibus angi.

Quis non mallet enim teretem semel ire per hastam, 410
Quam sub perpetuis perferre incendia poenis?
Foedifragi iuvenes igitur quicunque resistunt
Eximiis ducibus vel qui parere recusant,
Quos penes est belli trucis imperiosa potestas,
Et qui Desidiae fugiunt ad castra rebellis,
Currere coguntur validas teretesque per hastas,
Coguntur misere miseram deponere vitam,
Cuius in aeternum comes est infamia turpis.
Nam licet ipsorum defunctum corpus humetur,
Attamen aufertur tumulis infamia nullis.
Facta quidem pereunt, inhonestas improba durat.

Dedecus exiguo tyrones tempore cingit, 422
Exiguo verum non tempore deserit illos.
Exitiale nefas et detestabile crimen
Est fugere armiferae sanctissima castra Minervae

setze behalten ihre Stärke, denn das schwierige Gemeinwesen wird von gelehrten Männern regiert. Schließlich spornen auch die Neulinge, vorzüglich gelehrt und treue Lehrer, sie an, für das himmlische Wort die Gefahren auf sich zu nehmen, damit die Kirche nicht durch todbringende Sekten besudelt wird und böse Irrtümer nicht die Lehren Christi verderben.

In diesem Bereich liegt und haftet das Heil der Seele, hier gebührt es, hier ist es notwendig, alle Kräfte anzuspannen, hier gebührt es, ein tapferer Mann ohne Furcht vor Strafe zu sein. Den edelmütigen Neulingen werden die besten Belohnungen gewährt, sie erhalten jeden Monat sehr viel Sold. Aber die Faulen werden gezwungen, Strafe zu erleiden. Nicht nur die Lehrer bestrafen sie mit Ruten, sondern auch die öffentliche Bestrafung tötet sie. Eine leichte Strafe ist es, wenn das Gesäß durch die dünne Rute anschwillt. Schlimmer ist es, mit Todesstrafen bestraft zu werden. Aber von allen anderen ist diese die traurigste: Die Seele wird ewig durch endlose Qualen gepeinigt.

Wer würde nicht lieber einmal den glatten Speer durchlaufen, als unter ewigen Strafen zu leiden? Treulose Jugendliche, die sich weigern, den edlen Anführern zu gehorchen oder zu folgen, denen die mächtige Macht des Krieges anvertraut ist, und die in die rebellischen Lager der Faulheit fliehen, werden gezwungen, durch starke runde Speere zu laufen, sie sind gezwungen, ihr elendes Leben zu beenden, das für immer von schrecklicher Schande begleitet wird. Zwar wird nämlich ihr Körper begraben, doch wird die Schande von keinem Grab genommen. Taten freilich vergehen, aber die unlautere Unehrlichkeit bleibt bestehen.

Schande umgibt die Neulinge in kurzer Zeit, verlässt sie aber nicht nach kurzer Zeit. Es ist ein verhängnisvolles und abscheuliches Verbrechen, die heiligsten Lager der waffentragenden Minerva zu verlassen und feige die Flucht zu er-

Et dare terga fugae sacros vitando labores,
Quos se quis manibus complecti velle recepit.
Fraude fidem tetrum scelus est violare receptam,
Ac adeo certe periuria turpia non sunt,
Quam praeceptores et amicos fallere charos
Deliciasque sequi vel ad otia turpia labi,
Negligere officium, Phrygio torpescere luxu,
Indulgere pigro somno, vitare labores,
Spernere virtutem, contemnere laudis honores
Ac ita conceptam spem defraudare parentum,
Denique flagitiis etiam post omnia foedis
Fastidire Dei coelestia verba potentis
Atque movere gravem divini numinis iram,
Quam pro perfidia coguntur ferre latenti.

Ira Dei gravis est, onus est ac ardua moles; 440
Qua peccatoris dum tabida membra premuntur,
Pondera syderei se ferre fatetur Olympi.
Nam non est requies, pax moerorisque levamen,
Quando Deus rabidae flammas effuderit irae.
Orbis et angustus tunc ambitus esse videtur,
Quo nos vertamus, cum non loca tuta supersint.

Ergo dabunt poenas iuvenes ita semper atroces, 447
Ipsos ira Dei flagrans comburet ut ignis,
Et quasi pistillo tereti teret ossa pigrorum,
Perfidiae poenas ab eis ita poscet atroces.
Infestas querulis complebunt vocibus aures
Adque salutiferum clamabunt illico Christum,
Sed cum noluerint ducibus parere statutis
Officiumque suis praestare fideliter armis,
Obstruit ad tempus duras clamoribus aures
Ac affligit eos multisque doloribus angit,
Ex animo donec crimen fateantur iniquum
Et videant, quodnam scelus exitiale patrarint,
Emendentque suam magno conamine vitam,
Fidentes Christo, sic ut peccata remittat.

greifen, um die heiligen Pflichten zu vermeiden, die man sich vorgenommen hat. Es ist ein schreckliches Verbrechen, den empfangenen Treueid zu brechen, und sicherlich ist es nicht so schlimm, meineidige Schwüre zu brechen, als die treuen Lehrer und lieben Freunde zu täuschen, den Vergnügungen nachzugehen oder in schändliche Untätigkeit zu verfallen, die Pflicht zu vernachlässigen, in phrygischer (luxuriöser) Trägheit zu erschlaffen, den trägen Schlaf zu genießen, die Arbeit zu vermeiden, die Tugend zu verachten, die Ehre des Ruhms zu missachten und so die Erwartungen der Eltern zu enttäuschen, schließlich alle schändlichen Vergehen zu verachten und das himmlische Wort Gottes zu missachten und den großen Zorn der göttlichen Macht zu erregen, den sie für ihre verborgene Untreue ertragen müssen.

Der Zorn Gottes ist schwer, eine große Last; wenn er den verwesenden Körper des Sünders drückt, fühlt er sich, als müsste er die Last des himmlischen Olymp tragen. Es gibt nämlich keine Ruhe, keinen Trost für den Kummer, wenn Gott die Flammen seines rasenden Zorns entfesselt hat. Die Welt scheint dann ein enger Raum zu sein, wohin wir uns wenden können, wenn es keine sicheren Orte mehr gibt.

Deshalb werden die Jugendlichen immer grausame Strafen erleiden, denn der Zorn Gottes wird sie wie Feuer verbrennen und wie ein Mörser wird er die Knochen der Faulen zermahlen, denn er wird grausame Strafen für ihren Verrat fordern. Sie werden die Ohren mit klagenden Stimmen erfüllen und sofort den rettenden Christus anrufen, aber weil sie sich weigerten, den festgelegten Anführern zu gehorchen und ihre Pflicht mit treuen Waffen zu erfüllen, verschließt er für eine Weile seine harten Ohren gegen ihr Schreien und schlägt und peinigt sie mit vielen Schmerzen, bis sie aus tiefstem Herzen das schändliche Vergehen bekennen, sehen, welches verhängnisvolle Verbrechen sie begangen haben, und ihr Leben mit großer Anstrengung verbessern, im Vertrauen auf Christus, dass er die Sünden vergeben möge.

Ast ut perfidiam poenae comitantur atroces, 461
Sic quoque multa fidem comitantur praemia firmam,
Palladis Aoniae quae nunquam deserit agmen,
Sed manet in castris caput obiectatque periclis
Fortiter et studio vehementi tela repellit,
Tela, quibus voluit corpus lacerare Voluptas
Foedaque Segnities, quae spernit castra Minervae.
Ergo mori misere quam castra relinquere mavult;
Unde manens victrix laudes nanciscitur amplas,
Ipsius immensum volat optima fama per orbem,
Ipsi decernit laudum praeconia Virtus
Hosteque devicto peragit cum laude triumphum.

Cum iuvenes igitur doctrinis suavibus aucti 473
Palladis infestos superarint fortiter hostes
Ac decus egregium fuerint virtutis adepti,
Fortia perpetuas laudes ob facta merentur
Claraque virtutis pulchrae monumenta relinquunt.

Optima qui didicit gravium praecepta librorum 478
Musarumque choros qui semper amavit honestos,
Eximium decus et laudes nanciscitur olim,
Fit sapiens consul, summi fit doctor honoris,
Admiratur eum plebs ceu venerabile numen,
Ingreditur quando per publica strata viarum,
Imperii populos solus moderatur habenis,
Iudicium dicit, leges exponit honestas,
Iure regit cives, cives cum iure tuetur,
Ac per eum floret Respublica legibus aequis,
Per cives rursum decoratur honoribus ergo.

Nam caput assidue nudant et poplite flexo 489
Devenerantur eum, quando se civibus offert.
Umbra coruscantem sicut densissima solem,
Sic quoque magna viros sequitur reverentia doctos.

Aber wie auf den Verrat grausame Strafen folgen, so gibt es auch viele Belohnungen für treuen Glauben, denn die aonische Pallas (Minerva) verlässt niemals ihre Schar, sondern bleibt in den Lagern, stellt sich mutig den Gefahren entgegen und verteidigt sich mit heftigem Eifer gegen die Angriffe, mit denen die schmutzige Lust und die verachtete Faulheit den Körper zerfleischen wollen, welche die Lager der Minerva verachten. Deshalb zieht sie es vor, elend zu sterben, als die Lager zu verlassen. So also bleibt sie siegreich und erlangt großen Ruhm, ihr höchstes Ansehen fliegt weit über die Welt und die Tugend krönt sie mit dem Lob des Ruhms und führt den Sieg über den besiegten Feind mit Ruhm durch.

Wenn die Jugendlichen also durch sanfte Lehren gestärkt die erbitterten Feinde tapfer besiegt haben und den hervorragenden Ruhm der Tugend erlangt haben, verdienen sie für ihre tapferen Taten ewiges Lob und hinterlassen klare Denkmäler der schönen Tugend.

Wer die besten Lehren der schweren Bücher gelernt hat und immer die ehrbaren Chöre der Musen geliebt hat, erlangt schließlich hervorragenden Ruhm und Ehre, er wird ein weiser Ratsherr, ein Gelehrter von höchstem Rang, das Volk bewundert ihn wie eine ehrwürdige Gottheit, wenn er durch die öffentlichen Wege der Städte zieht, er regiert die Völker des Reiches allein mit den Zügeln der Macht, er spricht das Urteil, legt die ehrbaren Gesetze aus, er regiert die Bürger mit Recht, er schützt die Bürger mit Recht und durch ihn blüht das Gemeinwesen mit gerechten Gesetzen und durch die Bürger wird er wiederum mit Ehren geschmückt.

Sie entblößen nämlich ständig ihr Haupt und beugen das Knie, wenn er sich dem Volk zeigt. Wie ein dichter Schatten die glänzende Sonne folgt, so folgt große Ehrfurcht den gelehrten Männern.

Climata laus horum fit nota per omnia mundi,
Et licet intereat corpus, tamen illa superstes
Est et erit, siquidem propter laudabile factum
Gloria perpetuos dulcissima durat in annos.
Hanc non diluvium, non hanc incendia flammis
Sicut opes reliquas rutilis consumere possunt,
Hanc vastus terrae quoque non absorbet hiatus,
Hanc latro non perimit, non hanc dolus enecat ullus,
Hanc non abripiunt fures, iniuria demum
Hanc non illa rapit vel possessoribus aufert.

Vos igitur iuvenes, qui nomina vestra dedistis
Quique sacramento vos obstrinxistis ad artes
Palladis et vitae geritis laudabile munus,
Vos precor ac hortor, gladiis estote viriles,
Dextera contineat calamum promptissima grandem,
Pulchra latus vestrum semper graphiaria cingant,
Brachia sint lepidis quoque semper onusta libellis.
Pellite Segnitiem, ventosum pellite factum,
Spernite languentem vigilanti pectore Somnum
Atque pios pulchrae Virtutis amate labores.
Unicus adversos vincit Labor improbus hostes
Ipsorumque manu crudeliter ilia rumpens
Instat et instabilis vitae nigra claustra resolvit.
Este viri fortes, tyrones este fideles,
Praepositis ducibus parete fideliter, inquam,
Ut doctrinarum nitidis splendoribus aucti
Et velut heroes facti. Sublime trophaeum
Suppositos bello vobis statuatur ob hostes
Vestraque perpetuos ut gloria vivat in annos
Utque gubernetis sapienti pectore cives
Accipiatque bonas per vos Ecclesia laudes,
Quod Deus omnipotens faxit, quem castra Minervae
Optima delectant et qui foelicibus omnes
Doctrinae cupidos iuvenes successibus auget.

Finis.

Ihr Ruhm wird in allen Regionen der Welt bekannt. Und auch wenn der Körper stirbt, gibt es ihn doch und wird es ihn geben, denn wegen der lobenswerten Tat bleibt der süße Ruhm für immer bestehen. Ihn können weder Sintflut noch Feuer verzehren, wie sie es mit anderen glänzenden Reichtümern tun, ihn verschlingt nicht der riesige Schlund der Erde, ihn tötet nicht ein Räuber, ihn bringt auch kein Betrug um, ihn stehlen keine Diebe und schließlich nimmt ihn auch kein Unrecht den Besitzern weg.

Deshalb, ihr Jugendlichen, die ihr eure Namen gegeben habt und die ihr euch durch ein Gelübde den Künsten der Pallas (Minerva) verpflichtet habt und das ehrenwerte Amt des Lebens führt, flehe ich euch an und ermahne euch: Seid tapfer mit den Schwertern, lasst eure rechte Hand den großen Federkiel festhalten, lasst euren Gürtel immer mit dem schönen Griffel geschmückt sein, lasst eure Arme immer mit feinen Büchern beschwert sein. Vertreibt die Faulheit, vertreibt die eitle Tat, verachtet den trägen Schlaf mit wacher Brust und liebt die frommen Mühen der schönen Tugend. Unermüdliche Arbeit besiegt alle Feinde, reißt grausam ihre Eingeweide mit der Hand auf und löst die dunklen Fesseln des instabilen Lebens. Seid starke Männer, seid treue Neulinge, gehorcht treu den übergeordneten Anführern, sage ich, damit ihr durch das strahlende Licht der Lehren bereichert und wie Helden geworden seid. Das erhabene Siegeszeichen wird über die unterworfenen Feinde aufgestellt, damit euer Ruhm für immer lebe und damit ihr mit weisem Herzen das Volk regiert und durch euch die Kirche gute Lobsprüche erhält, was Gott der Allmächtige bewirken möge, der sich an den Lagern der Minerva erfreut und allen Jugendlichen, die nach Lehre streben, mit glücklichen Erfolgen hilft.

Ende.

# Anhang

## Literaturhinweise

»VD16« bezieht sich auf das Verzeichnis der Drucke des 16. Jahrhunderts, siehe www.vd16.de .

### *Leges de moribus*

Erstausgabe

DISCIPLINA || ET DOCTRINA || PAEDAGOGII IN || COENOBIO ERPHOR-||DIANO AD S. AVGVSTI=||NVM recognita et || aucta. || ITEM || RATIO AB INEVN-||te aetate rectè viuendi recens || conscripta ab || ANTONIO MOKERO. || Additis legibus scholasticis et metricis || D. Adami Siberi. || (ELEGIA GER=|| MANICOLATINA || de sanctis Angelis. || AVTORE || Antonio Mokero. ||) Anno M.D.LXXXIII. || (ERPHORDIAE || Ioannes Pistorius excudebat. ||)

VD16 M 5945

Digitalisat http://dx.doi.org/10.25673/opendata2-4809 (Public Domain Mark 1.0), ULB Sachsen-Anhalt in Halle, Signatur: Pon Ya 6120, QK. Weitere Exemplare werden in der Staatsbibliothek Bamberg sowie in Erfurt in der Universitätsbibliothek und in der Bibliothek des Evangelischen Ministeriums bewahrt, s. www.augustinerkloster.de/jahrhunderte-alte-drucke-fuer-die-nachwelt-erhalten.

Neudruck

HISTORIA || PASSIONIS,|| MORTIS, SEPVLTVRAE ET || RESVRRECTIONIS DOMINI NOSTRI || IESV CHRISTI secundum quatuor Euangelistas, || in vsum Scholastica iuuentutis Heroico carmine || reddita, at#[que] iam recens aedita. || AVTORE || M. ANTONIO MOKERO. ||

ACCESSERVNT E-||IVSDEM STVDIO ET OPE-||ra duae … Neniae de Passione || CHRISTI eiusq́; beneficijs ex scriptis Be-||roaldi & Lactantij sicut & elegia de || festiuitate resurrectionis. || ITEM: || ORDO DOCTRINAE ET DI-||SCIPLINAE IN PAEDAGOGIO MONA-||sterij Erphordiani ad S. Augustinum … || (iam sub patrocinio … || collegarum D. Rudolphi || Zigleri et D. Hieremiae Selt-||zeri repetitus et || aeditus. ||) ANNO M.D.LXXXVIII. || (ERPHORDIAE || Excudebat Esaias Mech-||lerus impensis Otto-||nis à Rissvuick. ||)

VD16 ZV 11089

Markante Änderungen im Neudruck von 1588 (s. Weissenborn 1862):
7,4,2 Regens praesit
    > regat praeses
7,4,6 Hi quod agant licitum credit id esse sibi
    > Esse sibi licitum credit et hi quod agunt
7,5,1–2 cantumque Regentes … regant
    > cantica Praeses … regat
7,7,2 asservent … modum
    > servetur … modus

***Bellum Scholasticum***

POEMATA IN || tres Libros ordine distri=|| buta, quorum primus Elegias, poste=||riores duo Epigrammata || continent. || ITEM ADDITVM EST || Encomion Vrbis Hildesiae, et || Bellum scolasticum. || AVTHORE || M. ANTHONIO MŒKERO || Hildesiano. || Erphordiae. || (EXCVSVM || … sub prae=||lo Calcographico Georgij || Bauumanni. ||) (Anno … 1564.)

VD16 M 5957

Druckversehen im Original (s. Hayer 2002, 238–239):

138 fastigia < fastidia
192 Libidinis < Libidines
296 eum < cum
328 Gortyniacus < Gortiyniacus

## Literatur zu Anton Moker

Haye, Thomas: Das »Bellum scholasticum« des Erfurter Pädagogen Anton Mocker: Aspekte humanistischer Prudentius-Rezeption, in: Huber-Rebenich, Gerlinde / Ludwig, Walther (Hgg.): Humanismus in Erfurt. Rudolstadt 2002, S. 213–240

Kaemmel, Otto: Moker, Anton. In: Allgemeine Deutsche Biographie (ADB), Band 22. Leipzig 1885, S. 83–86

NN: Mocker (Anton). In: [Zedler, Johann Heinrich] Grosses vollständiges Universal-Lexicon Aller Wissenschafften und Künste, Band 21. Leipzig / Halle 1739, Sp. 694–695

NN: Mocker oder Moecker (Antonius), in: Jöcher, Christian Gottlieb (Hg.): Allgemeines Gelehrten-Lexicon, Band 3 M–R. Leipzig 1751, Sp. 563

Weissenborn, Hermann: Hierana I. II. Beiträge zur Geschichte des Erfurtischen Gelehrtenschulwesen. Erfurt 1862 (*Leges de moribus* im Anhang S. I–V)

## Literatur zum Erfurter Schulwesen im 16. Jahrhundert

Braun, Josef.: Geschichte der Buchdrucker und Buchhändler Erfurts im 15. bis 17. Jahrhundert, in: Archiv für Geschichte des Deutschen Buchhandels 10 (1886), S. 59–116

Brodersen, Kai: Luthers Aufruf zur Gründung von Schulen, an denen Alte Sprachen gelehrt werden (1524). Speyer 2023a (mit Abdruck des Erfurter Drucks von 1524)

– Felix Thuringia Plaude: Lateinische Bau-Inschriften im Stadtbild von Erfurt. 3. Aufl. Speyer 2023b

Lindner, Andreas / Schulte, Andrea (Hgg): Das evangelische Schulwesen in Mitteldeutschland. Stationen und Streifzüge. (Schulen in evangelischer Trägerschaft 8) Münster u. a. 2007

– Geschichte des Erfurter Ratsgymnasiums 1561–1820; in: Friese, Michael / Heinemeyer, Karl / Ludscheidt, Michael (Hgg.): 450 Jahre Ratsgymnasium Erfurt 1561–2011, Leipzig 2011, S. 19-65

Ludscheidt, Michael: Literarisches Leben am Erfurter Ratsgymnasium in der Frühen Neuzeit, in: Ebenda, S. 93–139

Weiß, Ulman: Das Erfurter Evangelische Ratsgymnasium 1561–1820. Eine Geschichte in Bildern. Erfurt 1999

# WEITERE BÜCHER AUS DER GESCHICHTE ERFURTS

**Luthers Aufruf zur Gründung von Schulen, an denen Alte Sprachen gelehrt werden (Erfurt 1524)**
**1. Aufl. Speyer 2023, 124 Seiten, kartoniert, ISBN 978-3-939526-59-9 – 7 Euro**

Martin Luther (1483–1546) schrieb 1524 an die Ratsherren der deutschen Städte: Wir brauchen neue Schulen, an denen die Alten Sprachen unterrichtet werden und die damit einen eigenen kritischen Zugang zum Bibeltext ermöglichen. Jungen und Mädchen sollten überhaupt gut gebildet werden, da die Kirche und insbesondere auch der Staat tüchtigen und gebildeten Nachwuchs benötigen. Luthers Ratsherrenschrift führte schon bald vielerorts zur Gründung von evangelischen Ratsschulen, die oft noch heute als Humanistische Gymnasien Bestand haben. Die vorliegende Ausgabe präsentiert Luthers Schrift in der in bei Wolfgang Stürmer (Paulstraße 21) in Erfurt 1524 publizierten Fassung in Kopie, Transkription und Übertragung und erschließt sie mit einer Einleitung, Erläuterungen und Register.

**Ein Enchiridion oder Handbüchlein geistlicher Gesänge und Psalmen (Erfurt 1524)**
**2. Aufl. Speyer 2011, 108 Seiten, kartoniert, ISBN: 978-3-939526-03-2 – 6 Euro**

1524 wurde in Erfurt im Haus zum Färbefass (Pergamentergasse 16) das seither »Färbefass-Enchiridion« genannte Gesangbuch gedruckt, das rasch weite Verbreitung fand und dessen Lieder teils bis heute in den Gesangbüchern katholischer wie insbesondere evangelischer Kirchen stehen. Diese Lieder in der Weise zu singen, in der sie 1524 erschienen sind, ermöglicht die vorliegende Ausgabe. Nach einer Wiedergabe des Originaldrucks bietet sie in modernem Notensatz und singbaren Textfassungen die Erfurter Enchiridion-Lieder, »welche ein jeglicher Christ billig bei sich haben soll und tragen zu steter Übung, in welchen auch die Kinder mit der Zeit auferzogen und unterwiesen werden mögen.«

**Adam Ries: Das erste Rechenbuch (Erfurt 1525)**
**1. Aufl. Speyer 2018, 228 Seiten, kartoniert, ISBN 978-3-939526-38-4 – 7,50 Euro**

Das erste Rechenbuch von Adam Ries (oder Adam Riese, 1492–1559), das in Erfurt 1525 bei Mathes Maler im Haus zu Schwarzen Horn (Michaelisstraße 48) erschienen ist, wird hier in einem neuen Faksimile, einer Transkription und einer modernen Übertragung zugänglich gemacht und durch eine ausführliche Einleitung erschlossen. Mit über hundert aus dem Leben gegriffenen Textaufgaben macht uns Ries das Rechnen in der frühen Neuzeit lebendig und bietet damit einen einmaligen Einblick in Handel und Wandel im Erfurt seiner Zeit. Das Buch ermöglicht zugleich, heute so zu rechnen wie ein Rechenmeister vor 500 Jahren.

**Felix Thuringia Plaude: Lateinische Bau-Inschriften im Stadtbild von Erfurt**
**3. Aufl. Speyer 2023, 96 Seiten, kartoniert, ISBN 978-3-939526-58-2 – 6 Euro**

»Felix Thuringia plaude«, »glückliches Thüringen, applaudiere«: Das steht in Erfurt an den Substruktionen (Kavaten) des Dombergs auf einer Bau-Inschrift. Wer durch das historische Zentrum von Erfurt läuft, begegnet im Stadtbild solchen Inschriften immer wieder. Deren älteste entstanden im 14. Jahrhundert, die jüngsten sind noch keine 25 Jahre alt. Zusammen bieten die lateinischen Bau-Inschriften einen vielfältigen Einblick in die Geschichte der Stadt.

www.kartoffeldruck-verlag.de